──一橋大学経済研究叢書27──

溝 口 敏 行 著

台湾・朝鮮の経済成長
―― 物価統計を中心として ――

岩 波 書 店

経済研究叢書発刊に際して

　経済学の対象は私たちの棲んでいる社会である．それは，自然科学の対象である自然界とはちがって，たえず変化する．同じ現象が何回となく繰返されるのではなくて，過去のうえに現在が成立ち，現在のうえに将来が生みだされるという形で，社会の組立てやそれを支配する法則も，時代とともに変ってゆくのが普通である．したがって私たちの学問も時代とともに新しくなってゆかねばならぬ．先人の業績を土台として一つの建造物をつくりあげたと思った瞬間には，私たちは新しい現実のチャレンジを受け，時には全く新しい問題の解決をせまられるのである．

　いいかえれば経済学者は，いつも摸索し，試作し，作り直すという仕事を，性こりもなく続けなければならない．経済研究所の存在意義も，この点にこそあると思われる．私たちの研究所も，一つの実験の場である．あるいは，所詮完全なものとはなりえない統計を，すこしでも完全なものに近づけることに努力したり，あるいは，その統計を利用して現実の経済の動きの中に発展の法則を発見しようとしたり，あるいは，分析の道具そのものをみがくことに専念したり，あるいは，外国の経済の研究をとおして日本経済分析のための手がかりとしたり，あるいは，先人のきわめようとした原理を追求することによって今日の分析のための参考としたり，私たちの仕事はきわめて多岐にわたる．こうした仕事の成果を，その都度一書にまとめて刊行しようというのが本叢書の趣旨にほかならない．ときには試論の域を出でないものがあるとしても，それは学問の性質上，同学の方々の鞭撻と批判を受けることの重要さを思い，あえて刊行を躊躇しないことにした．ねがわくば，読者はこの点を諒承していただきたい．

　本叢書は，一橋大学経済研究所の関係者の筆になるものをもって構成する．必ずしも定期の刊行は予定していないが，一年間に少なくとも三冊は上梓のはこびとなろう．こうした専門の学術書は，元来その公刊が容易でないのだが，

私たちの身勝手な注文を心よくききいれて出版の仕事を受諾された岩波書店と，研究調査の過程で財政的な援助を与えられた東京商科大学財団とには，研究所一同を代表して，この機会に深く謝意を表したい．

1953年8月

一橋大学経済研究所所長
都 留 重 人

序　文

　本書の目的は，物価統計を中心として，日本統治下における台湾および朝鮮の経済の動向に関する統計を国民総支出(GNE)に対応する形で整理し，今後の分析に供しようとすることにある．元来，歴史的分析に不なれな著者がこのような研究を開始した動機は極めて偶然的なものであった．1967-68年，石川滋・篠原三代平両教授を中心とする文部省科学研究費による「台湾・朝鮮の経済発展に関する実証的研究」に関するプロジェクトにおいて，著者が消費者物価指数を手がけたのがその発端であった．しかし，その後この種の作業が集中的にすすめられたわけではなく，主たる研究テーマの間をぬって作業票の蓄積がおこなわれた．そして，1974年度文部省科学研究費「戦前期日本人の海外における経済活動の統計的研究」の一部としてこれら作業票のとりまとめがおこなわれた．

　このように長期にわたっておこなわれた作業をふりかえってみると，各々の時期においてことなった接近法がとられてきたことも少なくない．また，作業が進むにつれて新しいデータが発見されるようになるから，現在もし初期の段階でおこなった計算をするとすれば別のデータを利用したであろうと考えられるケースも皆無ではない．ただ，過去におこなわれたすべての作業にさかのぼって修正をおこなうことは多大の作業量を必要とするので，多くの分野では未調整のまま作業結果がまとめられている．

　最初にも述べたように，本書の主目的は統計を整理し，今後の研究に情報を提供することにある．本書の各章には著者なりの「分析」もおこなわれているけれども，これらはあくまで副次的な地位をしめるにすぎない．本書の数字が，著者とまったく見解をことにする分析結果を得るために使用されることも，著者の本来の目的からすれば大いに歓迎するところである．

　本書で使用された作業票の作成にあたっては，多くの人々の御協力を得た．これらのうち一橋大学経済研究所統計係，電算機室の人々の御援助は本書の完

成に不可欠であった．また，溝口研究室で黙々と作業に従事して下さった3名の研究補佐の方々の御努力をも忘れることが出来ない．また，出版事情の悪化にもかかわらず，かかる市場性のうすい書物の出版に同意して下さった岩波書店にも感謝の意を表したい．

　1975年1月

溝　口　敏　行

目　次

経済研究叢書発刊に際して
序　　文

第1章　消費者物価と生活水準 ………………………………………… 1
　§1.1　問題の所在 ………………………………………………………… 1
　§1.2　消費者物価指数の推計 …………………………………………… 3
　§1.3　金額系列の吟味 …………………………………………………… 16
　§1.4　実質消費水準の変化 ……………………………………………… 20
　§1.5　要約と残された問題 ……………………………………………… 28

第2章　貿易構造と交易条件 …………………………………………… 33
　§2.1　分析の対象 ………………………………………………………… 33
　§2.2　貿易物価指数の作成方法とデータ ……………………………… 35
　§2.3　貿易物価指数の算定結果 ………………………………………… 46
　§2.4　貿易変動に関する若干の分析 …………………………………… 55
　§2.5　台湾・朝鮮の「国際収支」……………………………………… 71

第3章　実質資本形成の成長 …………………………………………… 79
　§3.1　分析の目的と範囲 ………………………………………………… 79
　§3.2　朝鮮の実質鉱工業生産額の推計 ………………………………… 82
　§3.3　実質投資額の推計 …………………………………………………100
　§3.4　推計結果の吟味と若干の分析 ……………………………………108

第4章　実質政府消費推計と財政支出 …………………………………123
　§4.1　財政分析の目的とデータ …………………………………………123
　§4.2　政府消費金額の推計およびそのデフレーターの作成 …………126
　§4.3　若干の分析 …………………………………………………………137

第5章　総合分析への布石 …………………………………143
　§5.1　GNE 指標の作成 ……………………………………143
　§5.2　GNE 指標の吟味 ……………………………………149
　§5.3　結論にかえて ………………………………………159
付　　録 ………………………………………………………165
　§A.1　大連・長春の消費者物価指数 ……………………165
　§A.2　旧満洲農産物物価指数 ……………………………168
人名・機関名索引 ……………………………………………175
事項・資料名索引 ……………………………………………177

表　目　次

1・1	消費者物価指数採用品目		推計
1・2	消費者物価指数のウェイト	3・1	朝鮮工業生産額推定のための基本品目表
1・3	戦前台湾・朝鮮の消費者物価指数		
1・4	台湾・韓国戦前基準・戦後の消費者物価指数	3・2	朝鮮鉱工業生産デフレーター作成に利用された価格系列数
1・5	農業労働者の実質賃金の変化	3・3	朝鮮鉱業生産額推定のための基本品目表
1・6	農家経済調査による生活水準の比較	3・4	戦前朝鮮鉱工業生産指数
1・7	農家経済調査より算出された実質雇用賃金	3・5	われわれの名目生産額の推計結果と「公式数字」，李推計との比較
1・8	台湾家計調査の戦前・戦後比較	3・6	朝鮮鉱工業名目生産金額の構成比
1・9	韓国建設労務者の実質日給	3・7	朝鮮鉱工業産業別生産指数
2・1	貿易物価指数作成の年次区分	3・8	地域別・産業別朝鮮鉱工業生産指数の成長率（付台湾）
2・2	貿易物価指数作成のための採用系列数	3・9	戦前・戦後鉱工業生産比較のための情報
2・3	貿易物価指数採用品目表		
2・4	5大特殊分類の分類基準	3・10	韓国鉱工業生産の戦前（1935年）・戦後（1963年）比較
2・5	特殊分類別貿易額構成比		
2・6	戦前台湾貿易物価特殊分類指数	3・11	設備投資推定のための採用項目および配分率
2・7	戦前朝鮮貿易物価特殊分類指数	3・12	設備投資デフレーターのための中分類指数およびウェイト
2・8	戦前台湾・朝鮮貿易物価基本分類指数	3・13	建設投資推計のための採用項目と配分率および調整率
2・9	台湾戦前基準・戦後貿易物価指数	3・14	台湾・朝鮮の資本形成の推計
2・10	韓国戦前基準・戦後貿易物価指数	3・15	朝鮮の建設投資に関する本推計と李推計の比較
2・11	台湾実質農業生産額5年間の増加率	3・16	台湾・朝鮮の資本形成値の戦前・戦後比較
2・12	5大特殊分類別実質輸移出入年平均増加率	3・17	日本・台湾・朝鮮の資本形成の平均成長率比較
2・13	台湾貿易の名目構成比の変化（戦前・戦後比較）	4・1	政府支出の分類例
2・14	台湾貿易実質額の戦前・戦後比較	4・2	朝鮮地方財政支出の分類基準例
2・15	韓国貿易の名目構成比の変化（戦前・戦後比較）	4・3	総督府財政支出の構成比
2・16	韓国貿易実質額の戦前・戦後比較	4・4	地方財政支出の構成比
2・17	朝鮮の「国際収支」に関する山本	4・5	名目政府消費・政府投資の推計

4・6	政府消費デフレーターのウェイト
4・7	政府消費デフレーターの推計
4・8	戦前基準政府消費デフレーター (1960年値)
4・9	政府消費・政府投資の成長率
4・10	実質政府消費・政府投資の戦前・戦後比較
5・1	名目 GNE 指標
5・2	実質化に利用される物価指数
5・3	実質 GNE 指標
5・4	GNE デフレーターおよび人口
5・5	実質 GNE 指標の平均成長率
5・6	GNE 指標期間別要素別実質成長率と GNE 平均成長率への寄与率
A・1	旧満洲物価統計の所在
A・2	旧満洲消費者物価指数で採用された価格系列名の例
A・3	旧満洲消費者物価指数で採用された価格系列数
A・4	3指数のウェイト
A・5	大連消費者物価指数
A・6	長春消費者物価指数
A・7	旧満洲農産物物価指数のための採用価格系列名
A・8	旧満洲農産物物価指数

図　目　次

1・1	朝鮮賃金指数の比較
1・2	台湾・朝鮮の名目賃金指数の比較
1・3	台湾・朝鮮の実質賃金の変化
1・4	農産物価格で評価した農業実質賃金
1・5	台湾戦前・戦後の実質賃金の比較
1・6	戦前基準韓国製造業実質賃金指数
2・1	戦前台湾・朝鮮の交易条件と実質賃金の変化
2・2	戦前台湾・朝鮮の貿易実質額の変化
2・3	戦前台湾の類別実質貿易額の変化
2・4	戦前朝鮮の類別実質貿易額の変化
2・5	台湾貿易の累積黒字
2・6	朝鮮貿易の累積赤字
3・1	1935年基準韓国鉱工業生産指数
3・2	本推計と江見推計の比較
3・3	日本・台湾・朝鮮の資本形成の比較
3・4	資本形成・生産額比率の比較
3・5	建設投資・設備投資の循環変動の比較
3・6	台湾・韓国の戦前基準実質資本形成指数
4・1	実質政府消費の推移
4・2	実質政府投資の変化
5・1	実質 GNE 指標の変化の比較
5・2	実質 GNE 指標の要素別変化
A・1	農産物物価変動の比較

第1章 消費者物価と生活水準

§1.1 問題の所在[1]

　植民地政策の評価は，たとえその議論を経済的視点に限定したとしても，極めて多面的におこなわれなければならない．しかし，被支配者の地位にあった植民地の人々の最低限の経済的要求の1つが，生活水準の向上にあることは確かであろう．このような関心は，戦前の日本統治者の間で皆無であったわけではない．台湾総督府，朝鮮総督府の報告書の中には，住民の生活状況に関するものも少なくない[2]．しかし，これらの報告の多くは散文的であるかケース・スタディ的なものが多く，国民生活の動向を長期的にとらえるにはかならずしも充分なものとはいい得ない．

　台湾の生活水準に関する本格的研究の先駆は，張氏およびホー氏の2論文に求めることが出来よう[3]．前者の論文では，戦後の生活水準と比較して日本統治下の生活水準が比較的「高かった」ことを主張したのに対して，後者の論文では卸売物価で評価された農業労働者の賃金がほぼ一定であったことが示されている．後者の論文の主眼が農業の発展に関する研究にあることから，農業労働者の賃金を主要作物の卸売物価でデフレートしたことはそれなりの意味があった．しかし，その帰結をやや一般化して，「日本統治下において台湾住民の生活水準に上昇傾向がみられない」との推論をも含有しているとみられる記述があったために反論を受けることになった．マイヤー氏の反論は極めて有力なものであった[4]．氏は，サーベイ・データにあらわれた島民の消費支出構成に着目し，台湾島民の生活水準が向上していたであろうことを推測している．この章では，台湾について長期的な物価指数を作成することによって，この種の問題にことなった視点から答えようとしている．

　戦前の朝鮮における生活水準の変化に関する研究は現在においても比較的少ないようである．ただ，戦前大川一司氏によっておこなわれた1つの推計は，

日本統治下の朝鮮民衆の生活状況をあらわすものとして注目されてきている[5]．すなわち氏の研究によれば，朝鮮で消費される穀物の1人当り数量が時間の経過とともに減少していることを示している．もし，この仮説が真であるとすれば，当時の朝鮮民衆の困窮状況は充分推測出来る．ただ，多くの論者が——故意か不注意によるかはわからないが——大川氏自身によっておこなわれた推計についての留保にはほとんどふれていない点に問題が残る[6]．この意味では，本章よりの帰結は，在来からの研究に1つの資料を提供することになろう．

　戦前朝鮮における実質賃金の時系列比較は，劉奉哲氏の研究の一部としておこなわれ，朝鮮銀行調査部が1948年に試算した名目賃金指数を1910年7月基準の卸売物価指数でデフレートする方式が採用されている[7]．氏の研究によれば，戦前朝鮮の実質賃金は1910-17年には下降，1917-31年には若干の変動をともないながら上昇，1931-40年には下降し，1935年の水準は1913年のそれより若干下まわるという帰結が得られている．氏の研究は，より多くの情報にもとづく総合的な生活水準の研究の一部としておこなわれたものであるから，実質賃金の推計の部分のみをとりだして論評するのは正当とはいえないであろう．ただ，本章との関連上あえて問題点を指摘するとすれば，ホー氏の研究と同様，デフレーターに卸売物価指数を利用している点である．また，朝鮮銀行調査部による名目賃金指数の性格についても詳細な吟味が必要なように筆者には思われる．

　生活水準をめぐるいま1つの興味あるテーマは戦前・戦後比較であろう(以下特にことわらない限り,「戦前」,「戦後」の用語は第2次世界大戦前後をさす)．第2次世界大戦直後の台湾および韓国においては，はげしいインフレーションにさらされることとなった[8]．このため，戦前期と戦後期の物価比較には慎重な配慮が必要となる．後述のように，この時期については中華民国政府，大韓民国政府による物価指数が発表されているが，少なくとも1950年代中期以前の数字には改良の余地があるように思われる．本章では，(以下の各章と同様に)戦前・戦後指数をリンクする作業をおこない，将来の2地域に関する長期経済分析の資料を提供することをねらっている．

§1.2 消費者物価指数の推計[9]

〔I〕既存の指数

　生活水準の変化を分析しようとする場合には，少なくともその指標となり得る何らかの金額系列とそれをデフレートする物価指数が必要である．この節ではまず物価指数についての吟味から始めることにしたい．

　日本統治下の台湾・朝鮮に関する公式の消費者物価指数は存在しない．この状態は特におどろくにはあたらないことであって，わが国についてさえ本格的な消費者物価指数が作成されたのが1937年以降であることからも充分推測される[10]．戦後のわが国においては，消費者物価指数の歴史的系列の作成がすすめられ，野田指数によってその集大成がみられたが[11]，筆者の知る限り韓国および台湾においては現在までこの種の作業はおこなわれていないようである．一方，消費者物価指数にかわるものとして，わが国では日本銀行の「東京小売物価指数」(1914年以降)が発表されてきたが，これに対応する指数すらも台湾・朝鮮においては限られている．わずかに，朝鮮において，京城市(現ソウル市)商工会議所による小売物価指数が作成されているが[12]，採用されている価格系列数も少なく，本格的な分析に耐え得るものではない．このような状況から日本統治下における消費者物価指数はあらたに作成されなければならない．

　1945年の解放後，両国政府は独自の消費者物価指数を作成してきた．しかし，国際的水準よりみて安心して利用出来る物価指数が発表されるようになったのは1955年以降であり，それ以前の系列についてはなお吟味が必要となる．もっとも，解放後と1955年をリンクする指数は台湾・韓国において存在している．すなわち台湾においては，(イ)「台北市小売物価指数」，(ロ)「台北市公務員生計指数」が1937年基準で作成されている[13]．前者がどちらかというと価格調査品目数が多いという点ですぐれているのに対して，後者はサービス料金をもカバーしているという特徴を有しており2者の総合が望まれる．一方韓国においても1945年基準の消費者物価指数が発表されている[14]．ただ，この指数は食料費に関連ある価格系列を中心として作成されており，本来の消費者物価指数からみるとややかたよった性格のものである．

このような状況を考慮して本章では次の作業をおこなうことにした．(イ)日本領有時代について1934-36年基準指数を作成する．(ロ)同年基準1955年指数を作成し，戦前・戦後指数をリンクする．(ハ)1945-55年間の数字を可能な範囲で補充する．(ロ)，(ハ)の作業にあたっては，上記の公表指数の情報が最大限利用される．

〔II〕基礎データ(価格)

以下計算される物価指数は，「原則として」ラスパイレス型のグロスウェイト方式が利用される．ラスパイレス式は，よく知られているように

$$P_{01} = \sum_i p_1^i q_0^i / \sum_i p_0^i q_0^i$$
$$= \sum_i \omega^i \left(\frac{p_1^i}{p_0^i}\right) \quad (1.1)$$
$$\omega^i = p_0^i q_0^i / \sum_i p_0^i q_0^i \quad (1.2)$$

であらわされる．ここで$p_t^i, q_t^i (t=0,1)$は第t時点のi財の価格および数量をあらわしている．グロスウェイトというのは，ω^iの算出にあたって，第i商品に対する支出のみでなく価格系列が得られない類似商品のウェイトをも同時に考慮することを意味している．「原則として」という言葉が用いられているのは，以下述べるように統計データの不足からラスパイレス式を厳密な形では維持することが困難であることをあらかじめ示したものである．

さて，算式(1.1)，(1.2)から明らかなように，消費者物価指数の作成にあたっては，品目別の価格系列とウェイト算出のためのデータが必要となる．このうち，価格系列については，都市価格をとるべきか農村価格をとるべきかという問題がある．日本領有時代の台湾人・朝鮮人の職業分布は農民が大部分をしめていたから，住民の生活水準の分析という視点からは当然農村価格がとられることが望ましい．しかし，この種の情報はほとんど皆無に等しいといってさしつかえない．このような純統計上の理由から，価格系列は原則として台北市および京城市(現ソウル市)の価格を採用することにした．

このような思い切った限定をおこなっても，得られるデータは極めて制約的

である．台湾についての品目別物価統計の存在度合を検討してみると次の時期区分が可能となろう．

第Ⅰ期(1895-1902年)　この期間においては断片的な価格情報が散見されるにすぎず，指数の作成は困難である．

第Ⅱ期(1903-09年)　比較的少量の卸売価格データが[15]『台湾総督府統計書』に見出すことが出来る．これらの中には，主食関係の価格が含まれていないので，生産者出荷価格等による代用が必要となる．

第Ⅲ期(1910-28年)　卸売価格の系列数は増加し，特に1920年以降その数は豊富となる．

第Ⅳ期(1929-39年)　卸売価格とならんで小売価格の情報が得られる．

第Ⅴ期(1952-55年)　前述の2種の公表指数の作成にあたって使用された価格系列が1937年の値とともに示されているので，これらをプールして利用すればかなりの信頼度のある物価指数が作成出来る．

第Ⅵ期(1955-　年)　中華民国台湾省政府によって本格的消費者物価指数が発表されているが，品目別の価格情報は極めて少ない．

以上の展望からわかるように，厳密な意味での消費者物価指数を作成しようとすると，小売物価の得られる1929年以降に限定されてしまうことになる．しかし，ここでは「次善の策」として「小売マージン率が時間的に安定している」との想定の下で1928年以前についても卸売物価を利用した指数を作成することにした．ところで，上記の価格系列は商品に対応するものに限定され，料金に関する情報は含んでいない．また，商品の価格の中にもぜひ必要なものがかけていることも少なくない．これを補充するために，次の工夫をおこなった．

(イ)　料金について可能な情報は出来るだけ蒐集した．例えば電燈料金は『電気事業要覧』，郵便・鉄道料金は郵政・運輸両省資料室の情報によった．

(ロ)　医療費，散髪代等はどうしても得ることが出来なかったので，医師の俸給，床屋職人の賃金等を利用した(賃金データについては次節を参照されたい)．

(ハ)　住宅修繕費，加工衣類等の価格は，原材料価格指数と賃金指数の加重平均で求めた．

㊁ 家賃は，住宅建設費に比例すると想定した．

一方，朝鮮についての価格系列の状況も，台湾の場合とかなり類似している．すなわち，データの存在状況を区分してみると以下のようになる．

第Ⅰ期(1912-20年)　卸売物価のデータが得られるが[16]，その量は台湾の第Ⅱ期に比較すれば少ない．

第Ⅱ期(1921-29年)　卸売価格の情報が大幅に増大する．

第Ⅲ期(1930-39年)　卸売価格とともに小売物価のデータが得られる．

第Ⅳ期(1940-44年)　物価統制下という事情もあって価格データは比較的少

第1・1表　消費者物価

(A) 台　湾

大分類	中分類	戦前指数採用品目	系列数				
			1903〜1910	1910〜1920	1920〜1929	1929〜1938	1938〜1955
食料費	米麦費	米(粳，南方種平均)，小麦粉	2	2	2	2	4
	魚肉乳卵	塩干魚，豚肉，牛肉，鶏肉，鴨卵，鶏卵，牛乳	5	5	5	7	4
	豆・野菜	大豆，馬鈴薯，玉葱，甘藷	(1)	2	4	4	5
	調味料	砂糖，味噌，醬油，落花生油	3	4	4	4	6
	加工食品	沢庵漬	(1)	(1)	1	1	2
	飲料	茶，清酒，ビール，煙草	4	4	4	4	3
光熱費		電燈料金，木炭，薪，コークス	3	3	3	4	5
被服費	布類	晒木綿，晒金巾，白モスリン，白ネル	3	3	3	4	8
	加工賃金	洋服裁縫師，本島服裁縫師	2	2	2	2	3
住居費	家賃		(1)	(1)	(1)	(1)	1
	建設賃金	大工，畳刺師	2	2	2	2	⎫2
	建設材料	屋根瓦，畳表，煉瓦，檜	3	4	4	4	⎭
	家具什器	内地の指数	(1)	(1)	(1)	1	1
雑費	交通・通信	汽車賃，車夫賃金，はがき	2	2	2	3	3
	保健・衛生	石鹼，理髪賃金，医師俸給	3	3	3	3	7
	教育・教養	半紙，美濃紙，授業料，新聞代	2	2	2	4	4

〔注〕1. (1)は他費目の動きからの推定を示す．2. 戦前・戦後のリンクに用いた品目は，戦前

第1章 消費者物価と生活水準

なくかつ信頼性もとぼしい.

第V期(1945-54年) 食料品を中心とした小売物価とそれを補充する卸売物価の系列が得られる.

第VI期(1955- 年) 韓国政府によって本格的な消費者物価指数が発表されるとともに,その基礎データも公表されている.この期については,追加計算は必要としない.

指数作成にあたっての配慮はほぼ台湾の場合と同様であるので再論しない.ただ,朝鮮の場合に特殊な2つの事情について付記しておく必要があろう.第1

指数採用品目

(B) 朝 鮮

大分類	中分類	戦前指数採用品目	系列数			
			1912〜1920	1920〜1930	1930〜1939	1939〜1955
食料費	米麦豆類	米,大麦,小麦,大豆,小豆,桜麦,燕麦	6	7	7	3
	魚肉乳卵	牛肉,豚肉,鶏肉,明太魚,鰹節,牛乳,鶏卵	4	7	7	4
	野菜・果物	根菜類,其他野菜,リンゴ	2	3	3	1
	調味料	醬油,味噌,塩,砂糖	4	4	4	2
	加工食品	沢庵漬,奈良漬,豆腐	2	3	3	(1)
	飲料	茶,サイダー,清酒,朝鮮酒,ビール,煙草	4	6	6	2
光熱費		電燈料金,石炭,石油,薪,木炭	5	5	5	4
被服費	布類	日本白木綿,朝鮮白木綿,麻布	3	3	3	}1
	身の回り品	牛皮,靴職人賃金	2	2	2	
住居費	家賃		(1)	(1)	(1)	(1)
	建設賃金	大工,左官,表具師,屋根葺	4	4	4	1
	建設材料	松材,セメント,煉瓦	2	3	3	1
雑費	交通・通信	汽車賃,車夫賃金,はがき	2	2	3	2
	保健・衛生	石鹸,理髪師賃金,医師俸給	3	3	3	2
	教育・教養	授業料,神戸用紙,朝鮮紙,新聞代,映画観覧料	5	5	5	1

指数のそれとことなるので,品目欄には記入してない.

は，われわれの分析は1912年以降に限られているけれども，日本の朝鮮への進出は1900年当時よりおこなわれており，この間朝鮮(当時の韓国)にあたえた影響はかなりのものがあったと考えられる．したがって，植民地政策を追うためには併合前までさかのぼった分析が必要となろう．この問題は将来の研究に残されている．第2に，戦前・戦後の物価水準の変化の検討には，上記第Ⅳ期の欠落が大きな障害となる．以下の作業では種々の工夫によってその難点の解決につとめているけれども[17]，完全な連結がおこなわれたとはいいがたい．したがって，戦前基準・戦後指数を使用するにあたっては，若干の誤差をみこんでおく必要がある．

〔Ⅲ〕基礎データ(ウェイト)

消費者物価指数のウェイトとしては，伝統的に家計調査データが用いられる．台湾については，1937年11月-1938年10月を対象とした勤労者世帯に関する調査がある[18]．この調査によれば，台湾在住日本人・台湾人別に家計の消費支出の構成を知ることが出来る．ただ，この調査では，支出の分類が今日のわが国の家計調査でいう中分類程度までしかおこなわれていないので，品目別のウェイトは決定出来ない．そこで，日本人については1953年の家計調査，台湾人については1954-55年の台湾の家計調査を利用して品目ベースにまで分解をおこなうことにした[19]．

考えられる1つの方法は，このようにして求めた支出構成比を(1.1)式の ω^t に代用することである．この場合，ラスパイレス式の有する2つの特色のうち，ウェイトが一定であるという性質は維持されるけれども，ウェイトの算定が基準時点と一致するという特性は失われる．更に，価格が台北市のものであるのに対して，ウェイトが全台湾に関するものであるという点も気になる[20]．しかし，これらの問題は，少ないデータの下で作業をすすめるという困難性が考慮された場合一応納得され得るであろう．第1・1表(A)は台湾について採用された価格系列を類別に列挙してある．前項で示したように価格系列に関する情報量は年とともに変化している．そこで計算にあたっては系列数の量を基準として全期間を5つに分割し，期別にことなる類内ウェイトを用いて類指数を計算

した(この間,類指数に付されたウェイトはもちろん一定である).同表には,期別の採用系列数も示されている.

このようにして算出された指数については,2種の批判が考えられる.第1のそれは,ウェイトの算出基準があまりにも後半にすぎるということであろう.台湾の生活水準がこの期間上昇傾向にあったとすれば,消費パターンも当然変化している.一般にラスパイレス式物価指数がパーシェ式を上まわる傾向があることから推論すると,われわれの指数は消費者物価の上昇を過小評価する危険性をもっている.第2の批判は,当時台湾で絶対多数を形成していた農民の生活水準に適切な情報を提供しないということであろう.

このような批判にもかかわらず,本章では前記のウェイトによる指数を「第I指数」として採用する.それは,資料的にみて最も信頼出来るという単純な理由からである.しかし,戦前指数についてはチェック材料として「第II指数」をも同時に考慮しておく.すなわち,台湾においては,農家経済調査の一部として農家の消費支出を調査している.台湾の農家経済調査は1918-21年および1931-33年の2回にわたって大規模におこなわれており,この数字を利用すれば,少なくとも5大費目についての構成比を得ることが出来る[21].このほか1898年にも農家経済調査を見出すことが出来るが,この標本数はあまりにも少ない.このような理由から,台湾に関する「第II指数」は

(イ) 1903-29年については1918-21年調査

(ロ) 1929-38年については1931-33年調査

を利用した支出構成によって類別指数を加重平均して求めることにした[22].第1・2表には,第I,第IIの指数のウェイトが比較されている.

一方,朝鮮の都市世帯についての本格的な家計調査は,筆者の知る限り戦前においてはおこなわれていない.戦後,大韓民国政府によって勤労者世帯についての家計調査が実施されてきたが,1961年にいたって標本数が拡大され,わが国の家計調査と並んで国際水準を上まわる調査体系をなすにいたった[23].本章では,1961年の調査結果をもとに朝鮮の第I指数を作成することにした[24].

一方,朝鮮についても,台湾の第II指数に対応する作業をおこなうことが出

来る．朝鮮の農家経済調査は，1930年，1932-33年，1937-39年の3回にわたって大規模に実施されている[25]．ここでは，1930年調査のうち平安南道に関する結果を利用して第1・2表のウェイトを作成した[26]．この指数において，類別指数として第Ⅰ指数と同じものを使用している点では台湾の場合と同様である．

第1・2表 消費者物価指数のウェイト

	日本	台湾		韓国	
		指数Ⅰ	指数Ⅱ 1903-29 1929-38	指数Ⅰ	指数Ⅱ
食料費	39.54	45.00	70.60　50.49	51.11	70.70
住居費	18.83	12.65	4.11　3.04	14.13	2.73
光熱費	4.73	4.87	4.44　6.69	6.95	10.68
被服費	12.31	12.65	5.77　4.27	7.97	6.88
雑　費	24.58	24.83	15.08　35.51	19.84	9.11

〔注〕日本の値は，「野田指数」で1931-1938年指数の計算に利用されたものである．

一方朝鮮在住の日本人に関するウェイトはまったく得ることが出来ない．そこでやむを得ず台湾居住の日本人ウェイトを準用した．この手法にはかなり無理があることは承知しているけれども[27]，日本人指数はあくまで参考系列にすぎないからあまり詳細な吟味はおこなわないことにした．

〔Ⅲ〕指数の推定結果

以上の準備の下で推定された台湾および朝鮮についての戦前の物価指数が第1・3表に示されている．このうち，(A)，(B)両表においては，予想に反して第Ⅰ指数と第Ⅱ指数の間に大きな差はない．このことから推論して，たとえ第Ⅱ指数で考えられた消費パターンを前提として本格的な指数作成作業がおこなわれたとしても，第Ⅰ指数の結果と大きく相違しなかったであろうと判断される．このような理由から，以下の分析では第Ⅰ指数のみを利用して検討をすすめていくことにする．

次に戦前・戦後リンク指数の検討にうつろう．この場合，台湾および韓国でデノミネーションがおこなわれたことを配慮して計算がおこなわれなければならない．すなわち，第2次大戦終結にともなう解放後の韓国および台湾では

第1・3表　戦前台湾・朝鮮の消費者物価指数

(A) 台湾(台湾人)

	食料	被服	光熱	住居	雑費	総合(Ⅰ)	総合(Ⅱ)
1903	52.18	47.30	60.12	39.69	49.42	49.62	51.44
04	57.82	55.83	51.92	40.13	55.17	54.39	56.17
05	59.51	60.46	49.29	45.60	58.79	57.19	58.34
06	60.77	62.08	49.66	42.65	57.12	57.20	58.83
07	61.20	64.00	54.90	42.27	55.37	57.41	59.23
08	65.97	63.27	58.26	48.18	55.34	60.36	62.77
09	72.63	59.44	56.01	58.76	56.39	64.37	67.41
10	81.24	62.78	52.02	56.15	62.62	69.68	73.88
11	93.17	64.03	53.45	55.63	62.88	75.28	81.73
12	105.82	65.16	55.89	60.22	62.80	81.79	90.31
13	101.49	64.90	57.62	67.47	56.68	79.30	86.93
14	99.40	61.82	57.20	62.85	57.85	77.65	85.31
15	89.33	56.54	48.39	63.16	61.39	72.94	78.58
16	94.83	74.47	59.65	63.44	61.16	78.21	84.01
17	117.64	110.55	70.33	76.97	65.59	96.37	103.30
18	157.12	142.33	87.24	77.95	68.50	119.83	132.44
19	193.21	195.58	136.70	88.18	81.70	148.78	165.24
20	133.40	189.17	163.35	94.30	117.86	133.11	134.85
21	112.38	137.80	148.89	88.49	126.03	117.74	118.10
22	105.48	138.50	131.81	76.97	113.94	109.43	109.87
23	101.78	146.65	125.62	73.32	111.53	107.44	107.03
24	113.44	156.73	131.29	80.08	110.07	114.82	115.66
25	119.99	156.32	137.62	93.63	110.07	119.65	120.97
26	118.61	135.81	136.30	96.15	108.89	116.39	118.54
27	103.36	124.71	136.94	105.47	108.46	109.23	108.46
28	105.18	126.47	136.42	113.67	107.96	111.16	110.07
29	107.20	120.75	131.53	122.95	106.17	111.86	110.85
30	90.66	100.08	126.56	106.38	98.29	97.86	96.22
31	81.29	91.20	119.98	95.07	90.38	88.43	87.44
32	83.13	87.51	103.02	85.53	92.21	87.17	87.79
33	87.55	96.86	98.16	89.60	96.74	91.79	91.98
34	90.94	99.35	95.94	89.70	98.62	94.00	94.44
35	99.89	99.63	100.39	100.96	99.48	99.92	100.08
36	107.06	100.79	103.67	118.89	101.88	106.31	105.47
37	112.14	108.05	103.41	117.97	115.79	112.84	113.28
38	118.80	129.23	115.06	127.34	112.26	119.39	117.35

(B) 朝鮮（朝鮮人）

	食 料	被 服	光 熱	住 居	雑 費	総合（Ｉ）	総合（Ⅱ）
1912	62.76	99.08	95.50	97.31	62.76	72.78	69.27
13	61.40	66.27	99.93	88.46	66.15	69.38	65.24
14	52.57	64.18	99.68	82.40	66.41	63.86	58.40
15	46.09	78.70	97.44	72.34	65.23	60.23	54.57
16	46.98	81.39	138.02	88.66	66.48	65.95	58.57
17	61.71	107.60	139.29	130.46	69.10	81.03	73.49
18	92.04	114.39	162.58	155.36	80.90	104.65	99.42
19	131.76	169.39	167.61	189.61	106.67	140.06	137.23
20	134.25	236.98	177.09	210.57	140.69	157.44	149.55
21	106.83	195.71	154.52	147.91	163.19	134.16	123.76
22	121.33	198.43	155.79	152.38	138.70	137.67	133.04
23	120.90	160.44	146.50	148.98	132.41	132.07	127.79
24	130.73	156.74	140.42	136.17	130.74	134.24	133.73
25	136.10	157.65	129.57	125.67	132.46	135.12	136.91
26	124.69	145.33	129.18	124.07	131.73	127.94	127.18
27	117.75	119.40	121.91	119.40	135.26	121.42	119.18
28	112.95	122.39	121.97	122.39	136.96	118.70	116.20
29	113.71	124.24	120.23	112.48	133.04	118.65	116.24
30	101.20	111.64	117.39	96.10	127.41	107.62	104.75
31	80.15	105.54	102.88	87.15	112.96	91.62	86.50
32	86.28	108.84	94.65	89.98	110.34	93.94	90.71
33	84.71	109.53	91.49	93.76	108.24	93.09	89.39
34	90.62	110.20	101.90	97.12	97.04	95.15	93.70
35	102.74	92.95	98.82	98.68	95.58	99.70	100.58
36	107.59	96.97	100.71	103.36	108.24	105.84	105.72
37	112.23	112.70	103.74	107.10	132.93	115.05	112.83
38	121.20	141.22	124.69	116.81	153.60	128.83	125.35
39	142.76	149.51	129.38	120.18	155.03	141.60	142.46

(C) 台湾（日本人）

	食 料	被 服	光 熱	住 居	雑 費	総 合
1903	52.18	47.30	60.12	39.69	49.42	48.93
04	57.82	55.83	51.92	40.13	55.17	53.41
05	59.51	60.46	49.29	45.60	58.79	56.52
06	60.77	62.08	49.66	42.65	57.12	56.08
07	61.20	64.00	54.90	42.27	55.37	56.70
08	65.97	63.27	58.26	48.18	55.34	58.72
09	72.63	59.44	56.01	58.76	56.39	62.66
10	81.24	62.78	52.02	56.15	62.62	68.19
11	93.17	64.03	53.45	55.63	62.88	72.64

12	105.82	65.16	55.89	60.22	62.80	78.07
13	101.49	64.90	57.62	67.47	56.68	75.53
14	99.40	61.82	57.20	62.85	57.85	74.15
15	89.33	56.54	48.39	63.16	61.39	70.99
16	94.83	74.47	59.65	63.44	61.16	75.13
17	117.64	110.55	70.33	76.97	65.59	90.98
18	157.12	142.33	87.24	77.95	68.50	110.09
19	193.21	195.58	136.70	88.18	81.70	136.43
20	133.40	189.17	163.35	94.30	117.86	129.12
21	112.38	137.80	148.89	88.49	126.03	117.91
22	105.48	138.50	131.81	76.97	123.94	108.79
23	101.78	146.65	125.62	73.32	111.53	106.62
24	113.44	156.73	131.29	80.08	110.07	112.56
25	119.99	156.32	137.62	93.63	110.07	117.21
26	118.61	135.81	136.30	96.15	108.89	114.61
27	103.36	124.71	136.94	105.47	108.46	109.39
28	105.18	126.47	136.42	113.67	107.96	111.30
29	107.20	120.75	131.53	122.95	106.17	112.10
30	90.66	100.08	126.56	106.38	98.29	98.51
31	81.29	91.20	119.98	95.07	90.38	89.47
32	83.13	87.51	103.02	85.53	92.21	87.92
33	87.55	96.86	98.16	89.60	96.74	92.44
34	90.94	99.35	95.94	89.70	98.62	94.42
35	99.89	99.63	100.39	100.96	98.48	99.93
36	107.06	100.79	103.67	118.89	101.88	106.54
37	112.14	108.05	103.41	117.97	115.79	113.54
38	118.80	129.23	115.06	127.34	112.26	122.38

(D) 朝鮮（日本人）

	食 料	被 服	住 居	光 熱	雑 費	総 合
1912	58.66	121.77	91.87	95.50	46.04	67.89
13	57.44	116.02	83.49	99.94	49.54	67.15
14	52.09	110.48	77.54	99.68	50.50	63.25
15	45.94	106.58	68.36	97.43	49.44	58.50
16	45.09	121.86	83.67	138.02	55.09	63.60
17	57.93	162.85	122.96	139.28	57.15	78.12
18	84.62	181.59	146.57	162.57	73.23	101.68
19	127.23	264.60	179.49	167.60	93.29	143.58
20	134.79	255.96	199.57	177.09	131.03	155.46
21	109.56	170.94	158.83	154.52	134.69	127.40
22	123.61	165.21	161.73	155.79	120.96	132.02
23	126.53	138.49	159.53	146.50	119.93	129.24

	食料	被服	住居	光熱	雑費	総合
24	131.31	144.92	139.63	140.42	120.73	131.85
25	132.75	150.51	126.20	129.57	122.34	132.63
26	122.57	109.18	121.02	129.18	123.73	121.26
27	115.60	109.32	112.61	121.91	126.01	117.05
28	112.32	117.14	108.73	121.97	128.37	116.57
29	112.38	121.52	110.18	120.23	124.47	116.38
30	101.81	85.70	93.51	117.38	120.38	103.83
31	84.95	74.89	82.92	102.88	107.93	89.07
32	90.09	85.47	84.66	94.65	110.81	93.65
33	87.93	100.49	89.48	91.49	109.03	94.15
34	93.18	101.91	92.21	101.90	97.04	95.56
35	101.18	101.21	102.10	98.82	96.37	100.12
36	106.15	97.15	105.15	106.71	107.62	104.89
37	112.15	113.31	111.34	103.74	125.52	114.52
38	119.26	180.32	124.37	124.69	138.78	132.02
39	142.47	186.56	126.56	129.38	139.86	146.60

〔注〕第1・2表注参照.

1日本円 = 1韓国ウォン

1日本円 = 1台湾元

の比率で交換がおこなわれたが，その後1947年台湾において，また1952年に韓国においてデノミネーションがおこなわれた結果[28]，戦前・戦後比較にあたっては

1台湾新元 = 40,000 日本円(戦前)

1韓国ウォン = 1,000 日本円(戦前)

となっている．われわれの物価指数の作成にあたっては，この点が考慮されねばならない[29].

第1・4表は，戦前基準・戦後指数が示されている．台湾の戦後の物価指数の類別のわけ方は第1・3表のものとことなるので，極めて大胆な仮定の下で再計算をおこなった5大費目別指数が1955年以降について示されている(1952-55年指数は個別価格データから直接計算されたものである)．ところで，台湾においては1955年以降消費者物価についての個別価格が発表されていないということから生じる若干の不安がある．幸いにして，アジア経済研究所でおこな

第1・4表　台湾・韓国戦前基準・戦後の消費者物価指数

台　　湾

	食料	被服	光熱	住居	雑費	総合
1952	457.8	1756.2	705.0	480.3	530.2	621.0
53	581.3	1544.3	765.1	657.8	624.0	767.4
54	580.6	1317.2	758.3	812.1	610.8	700.9
55	628.2	1413.5	819.4	941.6	626.8	756.7
56	734.2	1470.4	1080.7	979.3	687.8	845.2
57	770.0	1447.8	1315.0	1132.0	730.5	905.4
58	836.2	1587.7	1237.9	1156.0	821.1	962.7
59	935.6	1733.3	1426.3	1168.6	887.1	1064.5
60	1150.3	1797.1	1468.0	1205.8	1082.9	1261.1
61	1197.3	1781.8	1479.8	1232.1	1455.7	1392.1
62	1164.7	1805.1	1555.0	1254.8	1730.7	1422.4
63	1188.1	1841.4	1605.9	1278.1	1772.4	1419.9
64	1220.6	1864.5	1589.7	1278.9	1619.3	1419.0
65	1245.3	1867.9	1652.7	1297.7	1485.0	1447.4
66	1302.0	1863.6	1695.1	1305.6	1400.6	1487.2

韓　　国

	食料	被服	光熱	住居	雑費	総合
1952						17.23
53						26.33
54						36.04
55	55.72	113.56	77.33	72.65	37.40	60.69
56	76.19	124.62	78.57	83.72	41.29	74.64
57	91.72	136.96	104.77	111.02	53.93	91.97
58	83.62	128.82	99.55	118.93	57.82	88.70
59	83.34	124.87	109.64	129.61	62.81	91.57
60	95.24	127.16	113.38	131.85	64.82	99.00
61	103.81	133.39	134.36	130.53	70.26	107.02
62	112.39	135.30	143.66	141.21	74.02	114.04
63	149.06	154.50	145.81	162.71	80.38	138.50
64	203.25	216.43	164.75	188.68	94.57	178.20
65	220.39	264.12	200.01	212.55	114.02	202.35
66	236.92	297.93	242.21	256.33	129.30	225.22

われた「実効購買力平価」の計算にあたって使用するために，特に収集された物価データが1963年について与えられているので[30]，これを利用して戦前基準・戦後指数を計算してみると1496(1934-36年＝0.001)となる[31]．この数字は第1・4表の1963年値と類似しており，同指数の信頼性を裏付けるものといえよう．

韓国についての数字は，戦前基準1955年指数を作り，それを1955年基準の公表指数にリンクしたものである．1954年以前の指数はあくまで1つの参考として1952-55年の公表指数とのリンクもおこなわれている[32]．

§1.3 金額系列の吟味

生活水準比較にあたっては，物価指数の作成とならんでどのような金額系列を選択するかということが重要な問題となる．この場合，少なくとも2種のデータが考えられよう．第1は「家計調査」または「農家経済調査」の消費支出関連項目を利用することであろう．まず台湾については，

　家計調査——1938-39年，1954-55年，1959年，1963年，1964年以降
　農家経済調査——1918-19年，1931-33年，1956年，1958年以降
のデータがある[33]．本格的な都市世帯の家計調査は戦前において唯1回実施されただけであるから戦前の生活水準の比較には利用することが出来ない．一方，このデータを戦前・戦後比較に利用することにも2つの点で問題がある．第1に戦前の家計調査は「代表標本方式」を採用しているため，戦後の任意確率抽出による調査よりも上層家計にかたよった標本が選択されている可能性が強い．第2に，戦後の調査はかなり過少申告となっている可能性が指摘されている[34]．このような理由から家計調査は参考資料の域を出ない．農家経済調査は家計調査と比較した場合より多くの利用価値をもっている．すなわち，戦前においてかなり大規模な調査が2回おこなわれただけでなく，戦後においても1963年までは「代表標本方式」の調査がおこなわれた．戦前・戦後比較に議論が限定される限り，この特性はわれわれの分析にとって有利である[35]．

朝鮮における都市世帯の家計調査は戦前には存在しないから，この分野に関

第1章 消費者物価と生活水準

する比較は不可能である．一方，既述のように農家経済調査は戦前について3回実施されている．もっとも，これらの調査からは消費構成についての充分なデータが得られないけれども，農家所得は的確につかむことが出来る．これに加えて戦後についても，1961年までは「代表標本方式」による調査が実施されているので戦前・戦後比較が可能である[36]．

利用可能ないま1つのデータとして賃金統計がある．『台湾総督府統計書』，『朝鮮総督府統計年報』には業種別，地域別の賃金（おそらくは賃金率）が示されている．したがってこの数字を利用すれば，名目賃金指数を作成することが可能となる．このような試みは，台湾について2人の（おそらくは独立の）作業が発表されている．その1はホー氏による農業労働者の賃金指数であり，その2は尾高煌之助氏による非農業労働者についての賃金指数である[37]．これらの指数は，地域別・業種別賃金を1920年または1930年の国勢調査で示された雇用者数で加重平均している点で共通性をもっている．この2指数は，若干の吟味の後以下の分析に利用される．

一方，朝鮮についても2種の指数が発見出来る．第1の指数は，朝鮮銀行調査部が作成した名目賃金指数であり，その2は尾高氏による試算である[38]．前者は，京城市（現ソウル市）およびその郊外の大工場（従業員100人以上）の中からえらばれた代表標本の数字をもとに単純算術平均を利用して求められたものであり，現在韓国における諸研究で利用されている．一方尾高氏の数字は，台湾について作成されたと同様のプロセスをとる本格的指数であるが，なお改良の可能性があるという理由から発表をさしひかえられている．このため，以下の分析では著者自身がほぼ尾高氏の指数に対応した形で再計算した暫定的名目指数を利用することにした．第1・1図は，尾高氏の許可を得て，同氏の指数，朝鮮銀行の指数，著者の暫定指数[39]を比較したものであるが，一部の時点を除き著者の指数と尾高指数の間にかなりの類似性がみられる．

戦前・戦後の賃金比較は予想外に困難である．まず台湾については，本格的な製造業に関する名目賃金指数は公表されておらず，これにかわる情報としてはILOへの報告があるがその作成過程はかならずしも明らかではない[40]．し

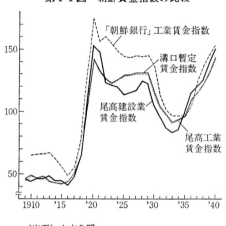

第1・1図　朝鮮賃金指数の比較

〔出所〕本文参照.

かし，他の情報を総合してみると，この数字は一応尾高系列とリンク可能なように思われる[41]．一方，農業労働者に関する戦後の賃金データは存在しない．ただ，農家経済調査には雇用者に対する支払額と雇用日数が示されているので，間接的な賃金推計は可能となる．このほか，補充的なデータとして，若干の職種に関する賃金が「台北市公務員生計指数」の項目として示されている．

　戦前・戦後比較に限っていえば，韓国の状況は一層困難である．戦後韓国では本格的な名目賃金指数を作成しているけれども，その基礎データとして月間賃金収入をとっているので，戦前データと直接対比することが出来ない．もっとも，この統計には月間労働日数も同時に示されているので，日給ベースに換算することは不可能ではないが，ある程度の誤差は覚悟せねばならない．

　そこで考えられるデータとして，韓国の経済企画院が『第1次国富統計調査総合報告書』に公表している名目賃金指数の利用である．このデータで採用されている戦前の数字は既述の朝鮮銀行調査部によるものと考えられるが，戦後の数字については現在までのところ充分な情報が得られていない．しかし，さしあたり分析をすすめるにあたっては，このデータが最適と思われるので，この数字を利用することにしたい．

第1章　消費者物価と生活水準

農業労働者についての賃金を利用するにあたっては，戦後の数字に賄金額が合算されていることに注意が必要である．一方戦前の農業労働者についての賃金の性格はかならずしも明らかではないが，一応戦後の「食事なし」の農業労賃と比較するのが安全であろう．このほか，戦前ベースと同じ方式で調査された数字が1958年まで建設労務者について与えられている[42]．

ここで，台湾と朝鮮の戦前の賃金統計について若干ふれておこう．戦前の賃金統計は，日本のものも含めて，熟練度の高い職種にかたよる傾向があったとされている．したがって，これらを利用して「製造業平均賃金」を計算する場

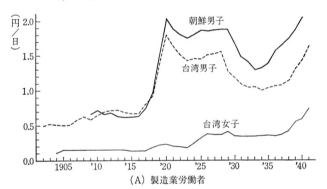

第1・2図　台湾・朝鮮の名目賃金指数の比較

(A) 製造業労働者

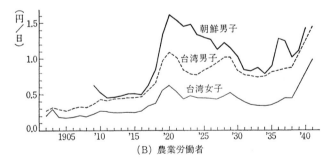

(B) 農業労働者

〔注〕台湾農業労働者の賃金は1928年までは農夫賃金．1929年以降の値は畑作労働賃金と水田労働賃金とを4:6の比で加重平均したものである．
〔出所〕尾高煌之助「日本統治下における台湾の雇用と賃金」, *op. cit.* (注37)．朝鮮総督府『朝鮮総督府統計年報』, *op. cit.*

合，その絶対額は現実よりやや高めに出る傾向がある．このことは，実質賃金の戦前・戦後比較にあたって充分注意されなければならないし，名目賃金の地域間比較にあたっても考慮されなければならない．第1・2図は尾高氏によって計算された台湾についての製造業の名目賃金指数と筆者が同じ手法を朝鮮について適用した結果得られた名目賃金指数とを示したものである．同図をみると朝鮮の製造業の平均賃金は台湾のそれを上まわっているようにみえる．しかし，データを詳細に検討してみると，上記の結論にはかなりの留保が必要であることがわかる．すなわち，2地域の賃金統計を比較してみると，台湾の賃金統計が比較的熟練度の低い職種をもカバーしているのに対して，朝鮮のそれが高熟練職種にかたよっている傾向がみられる[43]．そして，同種の業種について2地域の賃金比較をおこなってみると，それほど差を見出すことは出来ない．このことから第1・2図におけるレベルの差は，2地域間に存在する就業構造の相違によって一部は説明され得るとしても，大部分は得られるデータの性格によるものと考えてよい．このことから，以下の分析では賃金の地域間比較はおこなわないで[44]，時系列比較にのみ議論を限定することにしたい．

§1.4 実質消費水準の変化

　ここで本章の主題である実質消費水準の検討に入ろう．最初に戦前期の実質賃金の動向を観察してみよう．第1・3図は第1・2図の名目賃金を筆者が作成した消費者物価指数で実質化をおこなったものである．まず製造業の実質賃金をみると，台湾・朝鮮とも1920年代前半においてかなりの上昇がみられ，1920年代後半に入って台湾では下降傾向がみられる．この傾向は，ほぼ日本における製造業の実質賃金の動向と一致しており，主として不況による不熟練労働者の労働需要の減少によるものと考えられる．これに対して，朝鮮の実質賃金は1930年代初期まで増加したことは注目されてよい．これはおそらくは1920年代から発展した朝鮮の工業化と密接な関連があると思われる．しかし，この詳細な吟味をおこなうためには，雇用面にも立ち入った検討が必要となるので別の機会にゆずりたい．

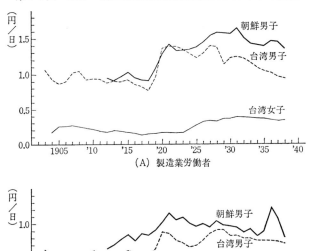

第1・3図　台湾・朝鮮の実質賃金の変化(1934-36年平均価格)

(A) 製造業労働者

(B) 農業労働者

　台湾人・朝鮮人の生活水準という見地から分析するには，農業労働者の賃金のほうがより重要である．第1・3図(B)をみると，台湾の農民の実質賃金は1900年代から1910年代において上昇を示している．1920年代における変化については見解がわかれようが，大局的にはゆるやかな上昇傾向が続いたとみてよい．こころみに対象期間を分割し，5年間の成長率を算定してみると第1・5表が得られる．同表によれば，台湾男子の実質賃金の成長率は日本のそれに近い値を示している．このような事実よりみて台湾の生活水準は日本統治下においてある程度上昇したことは確かなように思われる．

　一方，朝鮮の農業労働者の実質賃金はほとんど一定であったといってさしつかえない．1910年代にかなりの上昇はみられるけれども，1920年後半から下降に転じており，結果的にはほとんど一定の水準の下に上下変動し，トレンドとみなし得るものは存在しない．ただ，大川推計をめぐって主張されたような

第1・5表　農業労働者の実質賃金の変化
(5年間の成長率：％)

	男子			女子	
	台湾	朝鮮	日本	台湾	日本
1905-10	19.0	――	26.3	18.5	12.8
1910-15	2.3	34.3	11.2	41.8	7.1
1915-20	65.6	18.6	21.2	− 3.6	35.0
1920-25	−22.1	−5.9	29.9	−18.8	52.6
1925-30	15.0	0.1	− 7.9	18.8	−17.2
1930-35	6.6	−6.2	−22.1	−26.1	−16.0

〔注〕1.　朝鮮1910-15年値は1912-17年値．
　　　2.　日本の値は大川一司他『物価』, op. cit.(注11)より計算．

　結論――すなわち朝鮮人の実質所得が継続的に下降を続けた――という推論はやや疑問がある．

　1930年代において，実質賃金の下降がみられる点では，日本，台湾，朝鮮において共通している．特に，1932年以降日本をめぐる国際関係の悪化はこの傾向を助長した．特に，1935年以降の消費者物価の上昇は，台湾・朝鮮の人々の生活にかなりの打撃を与えたことをわれわれのデータは示している．

　ここで本題を若干はなれるが，ホー氏の仮説について吟味をおこなっておく[45]．ホー氏の主張によれば，卸売物価指数および農産物物価指数で評価した台湾の「実質農業賃金」にはトレンドが見出せないとしたものであった．この主張は2つのことなった含意をもっていたように思われる．第1のそれは，「台湾農民の生活水準が日本統治下では向上しなかった」ということであろうが，この推論は第1・3図によって否定されざるを得ない．第2の目的は，「実質賃金は農産物価格で評価した時一定である」という事実を指摘することによって，開発途上国の発展理論と関連付けることであろう．ホー氏がどのような農産物物価系列を利用したかについては充分な情報がないので，「物価」を主題とする本書の立場からはあえて再計算によるチェックをおこなわざるを得ない．

　幸いにして石川滋氏は戦前の台湾および朝鮮について農業生産の「実質額」を計算している[46]．この推計は品目レベルまでおりた詳細なものであるので，こ

第1・4図　農産物価格で評価した農業実質賃金（1934-36年平均価格）

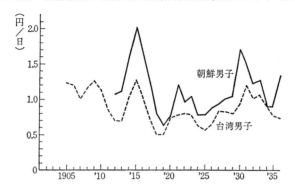

の実質額で名目額を割ることによって得られる物価指数は充分信頼出来るものである．第1・4図にはこの物価指数でデフレートした台湾・朝鮮の「実質賃金」が示されているが，トレンドが見出せないという意味ではホー氏の推論と同一である．ただ，台湾についての期間を1920年を境としてみると2つのことなった方向のトレンドが見出される．このような結果をもたらす背景については，次章においていま1度とりあげられる．

　戦前・戦後の生活水準の比較をすすめる場合，賃金データのしめる地位は相対的に低下する．というのは，戦前・戦後間における賃金データの連続性がかならずしも保証出来ないからである．このような理由から，この分野においては「農家経済調査」が重要な役割をはたすことになる．

　第1・6表は，台湾および朝鮮についての農家経済調査から算出した消費関連指標を，筆者の算出した消費者物価指数で修正したものである．まず台湾についての数字をみると，実質消費支出（家族1人当り）は1959年頃戦前水準をこえたことがわかる．この結論は張氏の研究と大差がない[47]．ただ，戦後の台湾の農家経済調査の標本数は逐次増大の傾向をもっている．標本の選択が「代表標本方式」でとられる場合，標本数の増大がより多くの下層農家の抽出をもたらす可能性は極めて高い．このような点を考えると，戦前レベル到達の時期は上記の結論より若干はやめられるべきかもしれない．

第1・6表　農家経済調査による生活水準の比較
(1929-31年平均価格：円/年額)

(A) 台　湾

調査年	1931-33	1954	1958	1959	1960	1961
食　料　費	49.3	――	52.0	54.0	63.9	71.7
被　服　費	3.7	――	3.2	2.9	2.9	3.4
光　熱　費	5.0	――	4.4	4.2	4.3	5.8
住　居　費	3.8	――	0.9	0.8	1.5	2.3
雑　　　費	16.0	――	18.2	17.5	16.8	16.1
冠婚葬祭費	7.9	――	4.0	6.0	4.7	4.6
計	85.7	20.0	82.7	85.4	94.0	103.9

(B) 韓　国

調査年	1930	1958	1960
食料費	53.46	50.98	43.25
被服費	4.12	4.26	5.24
光熱費	6.36	9.12	7.53
住居費	1.80	9.12	8.41
雑　費	6.00	17.05	17.23
計	71.74	90.53	81.66

〔注〕1. 費目分類は，戦後の日本の農家経済調査の分類に準じてある．したがって，住居費の中には，住居の減価償却費を含んでいる．
2. 台湾については冠婚葬祭費がかなり大きな比重をしめるので雑費から分離して示した．なおその実質化にあたっては，食費と雑費の単純平均指数を用いた．
3. 韓国の戦前数字は全羅南道に関するものである．

〔出所〕台湾総督府殖産局『農家経済調査 其ノ一，二』(農業基本調査書30, 32)，*op. cit.*(注21). 朝鮮農会『農家経済調査報告(全羅南道の分)』，*op. cit.*(注25)．台湾省政府農林庁『台湾農家記帳報告』，*op. cit.*(注33)．経済企画院『韓国統計年鑑』，*op. cit.*(注36)．

一方，韓国の数字をみると，「代表標本方式」が終了した1961年時点においてもなお戦前水準をこえたとはいいがたい状況にある．更に，農家の消費水準は1960年代後半までには急上昇したという傾向はみられない[48]．この主原因としては，経済的に単一体であった国土が南北に分断されたこと，朝鮮動乱で大きな災害を受けたことがあげられよう．しかし，これとならんでPL 480にもとづく米国の食糧援助が農産物の相対価格の低落をもたらし，ひいては農村の生活水準の向上をはばんだことも充分考えられる．

農家経済調査のいま1つの利用法は，同調査にもられた支払賃金額と雇用労働日数から平均雇用賃金を算出し比較することである．既述のように，台湾については戦後の農業賃金は発表されていないから，農家経済調査から算出され

る賃金は貴重な情報ということが出来よう．ただ残念なことに，戦前の台湾の農家経済調査には労働時間（または日数）についての数字が示されていない．そこでやむを得ず戦前の賃金統計から得られる農業労働者の賃金と戦後の農家経済調査から得られる数字を直接対比せざるを得ない．

一方，韓国については台湾よりもやや有利な状況にある．というのは，戦前の農家経済調査に臨時雇の日給が示されているからである．ただ『朝鮮総督府統計年報』に示されている農業労働者賃金と戦後の韓国の賃金データを対比する場合，賄のとりあつかいが問題となる[49]．農家経済調査による対比は，この点の処理に便利であり，第1・7表には賄のあつかいを分離し得るような形で実質賃金の比較がおこなわれている[50]．同表の結果をみると，台湾の実質賃金のレベルは，第1・6表の結果よりもやや早く戦前レベルに到達している．韓国についての結論は2表間において大差はない．

第1・7表 農家経済調査より算出された実質雇用賃金（日給，円，1934-36年平均価格）

	1932	1962	1965
韓国	0.606	0.529	0.605
台湾	(0.760)	—	1.447

〔注〕韓国の1932年値は平安南道の値，台湾のそれは第1・3図の男子の値である．

次に，都市生活者についての戦前・戦後比較の問題にふれよう．台湾については3種の情報が存在する．第1・8表は，台湾の勤労者世帯についての家計調査の結果を比較したものである．戦前のデータが「代表標本方式」による調査であるのに対して戦後のデータが近代的確率抽出標本によっていることから，おそらくは戦前データに上方偏向が存在することが予想される．この点を考慮して第1・8表をみると，都市勤労者についても1960年前後におそらくは戦前水準をこえたであろうことが推量される．ただ，被服費の水準が1963年においてもなお戦前水準には到達していないのが目につく．

この推論は第1・5図に示された台湾の賃金データからも裏付けられる．同図には，実質賃金が戦前ほぼ最高水準に達したと考えられる1927年値と，戦後の

第1・8表　台湾家計調査の戦前・戦後比較
（1929-32年平均価格：1人当り月額）

調査年	1937-38	1963
食料費	12.55	17.32
被服費	1.27	0.99
住居費	1.52	1.79
光熱費	0.67	1.21
雑　費	3.03	4.39
計	19.04	25.70

第1・5図　台湾戦前・戦後の実質賃金の比較（1935年＝100）

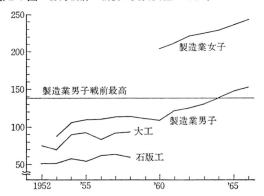

〔注〕1. 製造業についての賃金は尾高指数とILOに報告されている名目賃金指数を単純に比較したもの．
2. 大工，石版工の賃金は戦前期の調査とほぼ同じ形式で調査されているので比較可能である．

値が1933-35年平均を100としたグラフが示されているが製造業に関する指数は1960年中期に100を突破している．女子の実質賃金は戦前に比していちじるしく高いが，これは2期間における女子労働の地位の向上を示すものであろう．一方，朝鮮についての戦前の製造業賃金指数を戦後の公表数字と比較することには問題が残るので，『第1次国富統計調査総合報告書』に示された賃金系列を戦前基準の消費者物価指数で修正してみると第1・6図が得られる．同図によると，実質賃金は1953-55年，1959-62年において一応戦前の最高水準を突破しているがその後再下降を示し，戦前の最高水準を決定的にこえたのは1967

年以降となっている．一方，第1・9表には，若干の建設業に関する実質賃金が示されているがこれらの数字は1955年で戦前水準をこえている．これは，朝鮮動乱の回復期における建設労務者への需要を反映しているのかもしれない．これらの事実を総合すると，都市労働者の賃金は比較的早く戦前水準に回復したが，その後の韓国経済の足ぶみによってこのレベルを上下し続けた．しかし，1960年代の経済発展の結果，都市労働者の賃金は1968年以降戦前の最高水準を上まわったものと想定される．しかし，これらの結論を確定するには，名目賃金指数に関するより詳細な吟味が必要となろう．

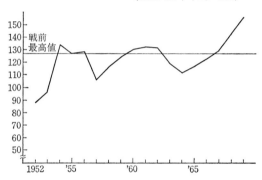

第1・6図 戦前基準韓国製造業実質賃金指数
(1934-36年平均＝100)

〔出所〕本文参照．

第1・9表 韓国建設労務者の実質日給(1934-36年平均価格)

	大工	左官	石工	屋根葺	煉瓦積	ペンキ職	土方	平人足	担軍
1930	1.7636	1.9792	1.9476	2.1269	2.1046	2.0442	0.8298	0.7387	0.7378
1935	1.7854	2.1394	1.7232	2.0231	1.9388	1.6570	0.9649	0.7864	0.6901
1955	2.8901	2.9642	3.9133	3.1158	3.1719	3.1373	2.5078	1.2391	3.2098
1958	2.5490	2.5626	3.0451	2.9053	2.6167	2.4600	2.0744	1.0586	2.5254
1960	2.6343	2.6253	2.9475	2.7303	2.7313	2.5646	2.0869	0.9939	2.8630

〔注〕 1. 戦前データは『朝鮮総督府統計年報』，戦後の数字は『韓国統計年鑑』の数字を利用した．
2. 調査方法は2期間において同一であるけれども，戦前数字が全朝鮮平均，戦後の数字が韓国平均である点に問題が残されている．

§1.5 要約と残された問題

ここで本章でとりあげられた分析結果について簡単な要約をおこない，ついで残された問題についてふれておくことにする．本章の主要な帰結は次のようである．

1. 台湾人の生活水準は 1900 年代から 1910 年代にかけかなり上昇し，20 年代においても上昇傾向がみられる．ただし 20 年代後半以降若干の下降傾向が発見出来る．
2. 朝鮮人の生活水準の変化は，都市・農村間で相違がみられる．都市においては 1930 年代初期まで実質消費水準にかなりの程度の上昇がみられた．農村においては，領有直後を除き消費水準の上昇はみられない．しかし一部でいわれている「実質消費水準が下降した」という仮説は，第 2 次大戦の影響時を除けば支持することは出来ない．
3. 台湾の実質消費水準は 1960 年前後に戦前レベルを回復し，1970 年現在その 1.6 倍程度の水準にある．韓国の水準は，1960 年代後半(1968 年頃)において戦前水準をこえたとみなし得よう．

この結論の一部は，従来「常識」とされていた判断とは多少相違している．そして，筆者自身は，少なくとも常識を支えていた数字よりも厳密な統計作業にもとづいてこの結論を導いたつもりである．

しかし，残された問題も少なくない．第1に，本章で分析したのは「実質消費水準」に関するものであって「生活水準」そのものではない．生活水準の分析には，社会資本，教育投資の研究が補充される必要がある．第2に，ここでは「格差」の問題がとりあげられていない．特に，植民地経済を考える場合，支配国民と被支配国民の所得格差が重要なテーマとなろう[51]．いま1つの興味あるテーマは農工間所得格差の分析であろう．この問題は張氏によってとりあげられているが[52]，より一層の発展が期待される．これらについての解答は将来の研究にまちたいと思う．

1) この章の原型は拙稿「台湾および朝鮮における物価指数の長期系列の推計(1)(2)」『一橋論叢』第 65 巻第 5-6 号, 1971, および, "Consumer Prices and Real Wages

in Taiwan and Korea under Japanese Rule," *Hitotsubashi Journal of Economics*, Vol. 13, No. 2, 1972 に発表されている. 同論の作成にあたっては, 一橋大学梅村又次教授, 尾高煌之助教授の貴重なコメントを得た. この章は, その後の研究成果を加えて書きあらためられているが, この改訂にあたってR.H. マイヤーマイアミ大学教授, 張漢裕台湾国立大学教授, 鄭英一ソウル大学助教授の教えに負うところが多い.
2) 例えば, 台湾銀行「最近台湾における住民の生活向上」『台湾金融経済月報』1930年12月号, および, 朝鮮総督府『生活状態調査(一)-(四)』同総督府, 1932-36 参照.
3) 問題の提起自身は, すでに 1947 年に Blacker によってなされている. C. P. Blacker, "Stage in Population Growth," *Eugencio Review*, 1947. しかし, 本格的研究は, 次の2論文までまたなければならない. Han-Yu Chang, "A Study on the Living Condition of Farmers in Taiwan," *The Developing Economics*, Vol. VII, No. 1, 1969. Samuel Pao-San Ho, "Agricultural Transformation under the Colonialism: The Case of Taiwan," *The Journal of Economic History*, Vol. XXVIII, No. 3, 1968. なお, 前者は中国語で 1955 年に発表されているものの訳である.
4) Ramon H. Myers, "Agrarian Policy and Agricultural Transformation," *Journal of the Institute of Chinese University of Hong Kong*, Vol. III, No. 2, 1970. 同時に下記文献の参照も期待される. Yhi-Min Ho, "On Taiwanese Agricultural Transformation under Colonialism: Critique," *The Journal of Economic History*, Vol. XXXI, No. 3, 1971.
5) 東畑精一・大川一司『朝鮮米穀経済論』日本学術振興会, 1935. またそれを利用した論文としては例えば, 金哲『韓国の人口と経済』岩波書店, 1965, p. 33.
6) 大川一司「朝鮮米穀経済論」『米穀経済の研究』有斐閣, 1939, pp. 425-443. この論文は注5)の大川氏自身の研究に若干の追補をおこなったものである. この中で大川氏は当時改訂された収穫統計よりの推論にふれ, 原論文の帰結にはかなりの留保が必要であると述べている.
7) 劉奉哲「日帝下의国民生活水準」(趙磯濬・李潤根・劉奉哲・金泳謨『日帝下의民族生活史』民衆書舘, 1971). 同論文で採用している賃金指数および物価指数は, 朝鮮銀行調査部『朝鮮経済年報 1948』よりとられたものである. 賃金指数の性格については§1.3参照.
8) 朝鮮の戦前数字を戦後と比較する場合, 当然朝鮮民主主義人民共和国の統計との対比が問題となる. しかし, 同国についての公表統計は社会主義圏の中でも最少の部類に属し, 特に物価統計についてはほとんど利用することが出来ない.
9) 本節および次節の記述はかなり資料論的吟味や統計手法の説明についやされている. したがって, 結論のみに興味のある読者は§1.4までとばしてお読みいただきたい.
10) この意味では, 上田貞次郎・井口東輔氏によって試算されたわが国についての消費者物価指数は, 当時の国際的水準からみても高く評価されるものであろう. 上田貞次郎・井口東輔「我国に於ける生計費及び実質賃金」(上田貞次郎編『日本人口問題研究第三輯』協調会, 1937).
11) 大川一司・野田孜・高松信清・山田三郎・熊崎実・塩野谷裕一・南亮進『物価(長

期経済統計—8—)』東洋経済新報社, 1967.
12) その数値は韓国銀行調査部『物価総覧, 1964年』同調査部, 1964に引用されている.
13) 台湾省政府主計処『台湾物価統計月報』1959年12月号参照.
14) 韓国銀行調査部『物価総覧, 1964年』, *op. cit.*
15) 『台湾総督府統計書』では, そのとられた価格のうち1928年以前のものが卸売であるかどうかは明記していない. しかし, わが国での経験によれば, かかる場合は卸売価格と判定してよさそうである.
16) 注15)に示したと同様の事情が朝鮮にもあてはまる.
17) 戦前・戦後指数のリンクにあたっては, 基準時点価格と1955年価格を可能な限り直接比較した. このようなデータが得られない場合には, 第IV期のデータを出来るだけ補充して2期間の連結につとめた.
18) 台湾総督府官房企画部『自昭和12年11月至昭和13年10月 家計調査報告』同部, 1940. この調査は「内地人」355世帯,「本島人」390世帯についての集計結果をまとめたものであり, 当時としてはかなり大規模な調査である.
19) 総理府統計局『家計調査年報 昭和28年』同局, 1954, および, 台湾省政府主計処『中華民国台湾省薪資階級家計調査, 調査期間 自民国43年5月至44年4月』同処, 1955. 具体的作業は次のようにしてすすめられた. まず戦後データで採用品目別の支出(類似品の支出を含む)を求めた後, 戦前データの類別に再集計した. そして, 各類別内で採用品目についての構成比を求め, その比率で戦前データの類別支出を分解した.
20) このような例は, わが国の卸売物価指数についてもみられる. すなわち, 戦前から1950年代までの日本銀行の卸売物価指数では, 価格は東京価格, ウェイトは全国の取引を対象としていた.
21) 1898年調査——台湾総督府民政部殖産課『台北県下農家経済調査報告』同課, 1899. 1918-21年調査——台湾総督府殖産局『台湾農家経済調査報告 第二報』(農業基本調査書第5), 同局, 1923. 1931-33年調査——台湾総督府殖産局『農家経済調査 其ノ一, 二』(農業基本調査書30および32), 同局, 1934. このほか参考となるデータとしては台湾総督府殖産局『台湾の農業労働に関する調査』同局, 1919がある. 同著については, 尾高煌之助「日本統治下における台湾の労働経済」『経済研究』第20巻第2号, 1969参照.
22) 台湾について指数のウェイトを計算する場合, 冠婚葬祭費をどのようにとりあつかうかが大きな問題となる. 特に農村においては, この比重は被服費に等しいほどの大きさをもっている. ここでは, その50%を食料費, 50%を雑費にくり入れて処理している.
23) 大韓民国経済企画院『家計調査報告1961年』同院, 1962参照.
24) この指数ウェイトは, 戦前の生活水準よりみてやや高所得型にかたよっているのではないかというコメントを鄭英一助教授より得た.
25) 1930年調査——朝鮮農会『農家経済調査報告』同会, 1932-33(分冊の形で道別に発表されている). 1932-33年調査, 1937-39年調査——朝鮮総督府農林局農林振興課

『農家経済概況調査 昭和8年-昭和13年(自作兼小作農家の部)』同課, 1940,『同(小作農家の部)』同課, 1940.
26) 1932-33年調査は, 標本数は大であるが消費支出を5大費目に分割するにたる充分な情報を有していない. このために, 1930年調査が利用された.
27) 日本人ウェイトを作成するいま1つの方法は日本の家計調査結果を利用するものである. 日本か台湾のいずれの調査を利用するかを判定するには気候の類似性を重視するか台湾・朝鮮と日本間の差を重視するかにかかっているが, ここでは後者の立場をとった.
28) デノミネーション等については, 笹本武治・川野重任編『台湾経済総合研究 資料編』アジア経済研究所, 1968, および, 韓国銀行調査部『物価総覧, 1962年』, *op. cit.* 参照.
29) 台湾の公式物価指数では,「台湾新元にもとづく指数」との脚注の下に1台湾新元＝1日本円の基準で計算がおこなわれているので注意されたい.
30) 野田孜編『アジア諸国の生活水準』アジア経済研究所, 1967.
31) 溝口敏行「戦前における台湾の経済成長Ⅲ. 消費者物価指数の作成」『経済研究』第20巻第1号, 1969. この当時, 筆者は「台北市小売物価指数」等の公表データを知らなかったので, この計算をおこなった. しかし, 同計算は今回の指数のチェックには充分使用出来る.
32) 1952-55年指数の使用には, 筆者の計算した1955年指数が韓国の公表指数よりもやや高めに出ている点を注意されたい.
33) データの所在については, 注18), 19), 21)に示された文献と下記を参照されたい. 台湾省政府主計処『台湾省都市消費者家計調査報告 1959年』同処, 1960,『同1963年』同処, 1964. このほか都市家計については1964年以後『台湾地区家庭収支調査報告』がある. 戦後の農家経済調査としては, 台湾省政府農林庁『台湾農業基本調査報告』同庁, 1959, および,『台湾農家記帳報告(1958年以降)』同庁, 1959- 参照.
34) 張漢裕「経済成長下における人民生活水準の向上及び農民・非農民間格差の拡大——台湾の場合——」『経済研究』第23巻第3号, 1972.
35) 張氏はこの特性を利用して戦前・戦後比較を試みている. Chang, "A Study on the Living Condition of Farmers in Taiwan," *op. cit.*
36) 資料の所在については, 注25)の文献のほか, 大韓民国経済企画院『韓国統計年鑑1962年』同院, 1962参照.
37) Ho, "Agricultural Transformation under the Colonialism: The Case of Taiwan," *op. cit.*, および, 尾高煌之助「日本統治下における台湾の労働経済」『経済研究』第20巻第2号, 1969,「日本統治下における台湾の雇用と賃金」(篠原三代平・石川滋編『台湾の経済成長』アジア経済研究所, 1971).
38) 尾高煌之助『日本統治下における朝鮮の雇用と賃金』(謄写刷) 一橋大学経済研究所統計係, 1971, および注7)の文献参照. なお, 後者の統計の存在は朱鶴中博士によって指摘され, 鄭英一氏の御協力によってその性格をチェックすることが出来た.
39) ここで「暫定指数」と名付けられたのは次の意味である. すなわち, 名目賃金指数

を作成するにあたって，業種別の「平均賃金」を地域別賃金の「単純算術平均」(この数字は『朝鮮総督府統計年報』に「平均賃金」として示されている)を利用している．これは，尾高氏の作業との二重投資をさけるために簡便法をとったという以上に積極的な意味はまったくない．

40) ILO, *Year Book of Labour Statistics 1968*, ILO, 1968.
41) 尾高煌之助氏の御教授に負う．
42) 大韓民国経済企画院『韓国統計年鑑 1962年』, *op. cit.*
43) こころみに，1936年の台湾および朝鮮に関する賃金統計系列数は，台湾81，朝鮮31である．
44) 実質賃金の地域間比較をおこなうには，上記のデータ上の問題のほかに，消費者物価の地域指数を作成するという作業がおこなわれなければならない．
45) 注3)参照．
46) 台湾についての推計については，石川滋「日本領有時代の台湾農業の変化」(石川・篠原編『台湾の経済成長』, *op. cit.*)に発表されている．同論文には年数字が発表されていないので，教授の御承諾を得てそのワーク・シートを利用させていただいた．朝鮮についての計算は，教授の未発表推計を利用したものであり，ここに感謝の意を表したい．
47) 注3)参照．
48) 韓国の農家経済調査による1人当り実質消費指数(1962年=100)は，次の通りである．1963年=121，1966年=110，1968年=130，1970年=152(物価指数は公式統計――農民購入品物価指数・家計用品――による)．
49) 戦前データの性格としては次の可能性が考えられる．(i)賄を含む賃金，(ii)賄を供給される労働者の現金賃金，(iii)賄を受けない労働者の賃金．農家経済調査と対照してみると，戦前データは(i)ではないようである．しかし，(ii)，(iii)のいずれであるかは明らかではない(この注は梅村教授の御指摘に負う)．
50) 年雇は300日と考え，その賄は家族1人当り食料費を想定した．
51) この問題を本章でとりあげなかったのは，重要性を認識しなかったからではない．この分野に関する研究は戦前のものも含めてかなりの数におよび，そのサーベイのみでもかなりの時間が必要である．しかし，これらの主張のなかにも統計作業上からみてかなり強引なものも散見されているので，機会をみて総合的な評価をおこなう必要性が感じられる．
52) 張漢裕「経済成長下における人民生活水準の向上及び農民・非農民間格差の拡大」, *op. cit.*

第2章　貿易構造と交易条件

§2.1　分析の対象[1]

　一般に貿易統計は金融統計とならんで比較的長い歴史を有している．このことは，台湾・朝鮮でも例外ではない．台湾では，日本の領有初期を除けば信頼出来る統計が第2次大戦前まで継続して得られる[2]．一方朝鮮についても，日本の統管府の保護下にあった時期の韓国の貿易を含めてかなりの長期系列を得ることが出来る．ただ，日本併合以前の時期については，崔柳吉氏の本格的研究が現在継続中であることを考慮して，本章の記述は日本領有時代以降の分析に限定することにした．

　貿易統計は上記のように連続した系列として得ることが出来るから，日本の植民地経営を論じる場合に比較的多く利用されてきた．その1つの分野は，台湾・朝鮮の移出に関する研究である．すなわち，台湾の対日移出は主として米および砂糖であり，朝鮮のそれが米であった．特に，これら2植民地の米移出が内地の米生産と競合したこともあって多くの関心をあつめてきた[3]．しかし，これ以外の移出品の動向や，朝鮮ではかなりの比重をしめる対大陸輸出の役割については詳細な研究はあまりみられず，わずかに貿易金額の構成比の変化等が研究の対象とされていたにすぎない．同様の傾向は輸移入の分析についてもみられる．いま1つの研究分野は貿易収支の動向に関連がある．台湾の対日貿易は，1910年前後をさかいとして赤字から黒字に転じたのに対し，朝鮮の対日貿易は恒常的に赤字であった．これをめぐって，後述のようにいくつかの議論が展開されている．

　ところで，これら戦前期間についての分析をみると次の3点について問題を残している．第1は「実質額」の概念がほとんど利用されていないことである．いうまでもなく，戦前期間においては貿易面における物価変動にはかなり顕著なものが予想される．しかし，従来物価面についての研究が比較的未開発であ

ったために，貿易金額を数量指数化出来ないというネックがあった．このために，多くの研究が若干の主要移出品目に限定され，特に輸移入の分析がなおざりになっていた．本章の1つの目的は，貿易物価指数を作成することによって，このネックを回避し出来るだけ総合的な貿易構造の検討を可能ならしめることにある．

貿易物価指数の作成は，その副次的産物として交易条件の計算を容易ならしめることになる．交易条件の変化は貿易依存度が高かったと推測されるこれら両地域産業の発展において，大きな効果をもつであろうし，間接的にはこれら地域住民の所得にも大なり小なり効果をもつことになる．ただ，朝鮮の場合いわゆる「通過貿易」をどのように処理するかという問題が生じる（ここで通過貿易というのは，朝鮮経由で日本商品が大陸に輸出されるものおよびその逆をさしている）．

第2の問題点は，従来の分析が主として対日移出入に集中していたことである．もっとも台湾の場合には，貿易量の多くの部分が対日移出入によってしめられているので比較的問題は少ない．しかし，朝鮮の場合，無視し得ない量の貿易が大陸との間でおこなわれてきていた．本章では，台湾および朝鮮という地域からみた貿易構造に重点をおくこととしたい．このため，移出入と輸出入は区別せずに分析がすすめられる．以上の視点から，台湾・朝鮮の貿易を考える場合，興味あるテーマとして2植民地の輸移出競合関係がある．これまでの諸研究の重点がどちらかというと日本対台湾，日本対朝鮮の形ですすめられてきたために，日本市場をめぐる台湾・朝鮮間の競合関係はあまり明確な形ではとりあげられていなかった．以下の論述では可能な限りこの問題にもふれていくことにしたい．

第3の問題点は貿易外収支のとりあつかいに関連がある．既存の研究において貿易収支の動向が問題とされたのは，国際収支の代理変数としてであることは確かなようである．例えば金哲氏は，日朝関係を論じるにあたっては貿易収支のほかに金の移動をも考慮する必要をといている[4]．このような見地にたてば，貿易外収支を含めた本格的な分析が必要となろう．台湾については，1921-

39年間について貿易外収支に関する公式統計があるが[5],それ以前の時点および朝鮮については大ざっぱな推計しか示されていなかった[6].幸いにして朝鮮については山本有造氏の注目すべき研究が発表されるにおよんで[7],これまでの諸主張を整理するうえでの手がかりが得られつつある.本章の主目的はあくまで貿易統計の分析にあるが,若干のページをさいて貿易外収支をも含めた分析にもふれることにしたい.

次に戦前・戦後比較の問題をとりあげてみよう.第2次大戦後の台湾および朝鮮(大韓民国および朝鮮民主主義人民共和国)の経済発展には注目すべきものがあるが,この結果もたらされた経済構造の変化は指数形式による物価比較をいちじるしく困難にしている.この傾向は,貿易物価の分野で特に顕著である.すなわち,台湾においては第2次大戦後1950年代にかけて,(1)日本との貿易が縮小し,米国との交易が増大したこと,(2)国内の軽工業が発展し,モノカルチャー的な経済から離脱したことから貿易構造は大きく変化したことがあげられる.一方韓国については,(1)朝鮮半島が南北に分断されたこと,(2)1950年代において対日貿易がいちじるしく縮小したこと,(3)農産物輸出が急減したこと,(4)軽工業品の輸出が急増したことから,戦前・戦後間の輸出入品の構成には大きな差が生じている.朝鮮民主主義人民共和国の貿易データは,同国に関する他の経済統計と比較すれば豊富であるがそれでもここで分析対象とするにはなお充分ではない[8].

このようにことなった経済構造下の貿易物価が指数計算によって比較し得るかどうかについては多くの疑問が残る.しかし見方をかえれば,貿易構造の変化が交易条件等にどのように作用したかということは興味あるテーマであろう.これに加えて,データ整備という見地からは,戦前・戦後のリンクという作業は不可欠といえないまでも重要な課題である.このような考慮から,以下の分析では大胆な手法で戦前・戦後比較も試みてみることにしたい.

§2.2 貿易物価指数の作成方法とデータ[9]

現存の貿易物価指数の作成法としては,2種のタイプのものをあげることが

出来る．第1のそれは，日本銀行が現在作成している「輸出入物価指数」で代表されるものであり，指数理論上本格的な物価指数である[10]．すなわち，この指数作成にあたっては，品目別に代表銘柄を指定し，その輸出入価格の特別調査結果を利用して物価指数を計算するものである（以下この方式を「日銀方式」と呼ぶ）．この方式を採用している国は比較的少なく，現在でも，西ドイツ，オランダ等数か国を数えるにすぎない．いま1つの方法は，1950年代に大蔵省が採用してきた作成法である（以下「大蔵方式」と呼ぶ）[11]．この方法ではまず品目別貿易数量を基準時点の価格で加重平均して数量指数が作成される．貿易物価指数は，金額指数を数量指数で割ることによって求められる．この方式は，貿易統計のみから指数が作成出来るという利点をもっているので多くの国で採用されている．しかし，精度の面で日銀方式におとることは論をまたない．

本論で採用される方式は2者の中間的なものである[12]．すなわち，指数算式としては，日銀方式に準じてラスパイレス式が利用される．ただ，利用される価格のうちかなりの部分は，品目別の貿易金額を貿易数量で割ることによって得られる実効単価が利用された．このようにして計算された「単価」は，その品目の品質にあまり差がない場合には価格情報として充分利用し得る．しかし，等質でない品目群については，慎重に配慮されなければならない．このような理由から，この種の品目については他の情報——例えば輸移出については台湾・朝鮮の卸売物価，輸移入については主要相手国の卸売物価等——と相互チェックし，必要な場合には「他の情報」で貿易物価を代用した．

〔I〕戦前指数の作成法

日本統治下の朝鮮および台湾の貿易に関する統計は，第2次世界大戦中のものを除けば比較的詳細な年次報告書から得ることが出来る．すなわち，台湾については，

　　台湾総督府『台湾貿易年表』
　　　　同　　『台湾外国貿易年表』

があり，朝鮮については，

　　朝鮮総督府『朝鮮貿易年表』

がある.これらの統計は,原則として戦前の『日本外国貿易年表』を基準に作成されているが,年次により分類等に相違があり年次間比較にあたっては慎重な配慮が必要である.幸い台湾については,

　　台湾総督府『台湾貿易四十年表』

において,1935年までの数字が同一の分類基準で整理されているので,その利用が便利である.朝鮮については,残念ながらこの種の集約統計を得ることが出来ない.

ところで,これらの統計の信頼性についての情報はかならずしも充分ではない.台湾については領有初期を除けば対外国密貿易は比較的少なく,一応無視し得るようである.朝鮮については,対大陸密貿易が存在していたという記録があるがその程度は明らかではない[13].一方,日本(樺太を含む)と台湾・朝鮮との間,および台湾・朝鮮両者間におこなわれた移出入は船舶の船長等よりの報告をもとに作成されている[14].したがって,ある程度の誤差は考えられるが,その程度はそれほど大ではないであろう.

さて,これらの貿易統計からみると台湾および朝鮮の貿易構造は,日本統治下において大きく変化していることがわかる.このため,全期間にわたって同

第2・1表　貿易物価指数作成の年次区分

	ウェイトの計算に利用された期間	加重される指数の期間	価格系列数	
			輸移入	輸移出
台湾				
I	1900-02	1896-1900	19	10
II	1900-02	1900- 10	28	17
III	1910-12	1910- 20	45	26
IV	1920-22	1920- 30	50	30
V	1930-32	1930- 38	51	31
朝鮮				
I	1914-16	1911- 15	28	103
II	1914-16	1915- 25	47	115
III	1924-26	1925- 38	89	189

〔注〕指数I,II間では類間のウェイトは同一であるが,系列数がことなるので類内のウェイトがことなる.

第2・2表 貿易物価指数作成のための採用系列数

(A) 台 湾

	輸 1896~1900	出 1900~1910	移 1910~1920	1920~1930	1930~1938	輸 1896~1900	入 1900~1910	移 1910~1920	1920~1930	1930~1938
[I][I]穀類, 穀粉, 澱粉及種子	1	1	3	3	3	2	3	3	3	3
[II][II]飲食物及煙草	6	8	14	14	14	3	6	9	9	9
[III]皮毛, 骨角, 歯牙, 甲殻類及其製品	0	1	1	1	1	*	*	*	*	*
[III]油脂, 蠟及其製品	*	*	*	*	*	1	2	3	2	2
[IV][IV]薬材, 化学薬, 製薬, 其調合品, 爆発物, 染料, 顔料, 塗料及填充料	0	2	3	4	4	1	2	2	3	3
[V][V]糸繰, 縄索及同材料	1	1	1	1	1	1	1	4	3	2
[VI][VI]布帛及布帛製品	1	1	1	2	2	2	3	3	4	4
[VII]衣類及同付属品	0	1	1	1	1	1	1	1	1	1
[X][VIII]製紙用パルプ, 紙, 紙製品, 書籍及絵画	0	0	0	0	1	1	1	2	2	2
[VIII][IX]鉱物及鉱製品	1	1	1	2	2	0	0	2	2	2
[IX][X]鉱及金属	0	0	0	0	1	5	6	8	8	9
[XI]金属製品	*	*	*	*	*	0	0	2	1	1
[XII]陶磁器, ガラス及ガラス製品	*	*	*	*	*	1	1	1	1	1
[XIII]時計, 学術器, 鉄砲, 車両, 船舶及機械	*	*	*	*	*	1	1	3	4	4
[XI][XIV]雑品	0	0	0	1	1	1	1	2	7	7

(B) 朝鮮

	輸移出 1911~1915	輸移出 1915~1925	輸移出 1925~1938	輸移入 1911~1915	輸移入 1915~1925	輸移入 1925~1938
[I] 生きた動植物	*	*	*	0	0	1
[II] 穀類, 穀粉及種子	7	10	11	5	6	18
[III] 飲食物及煙草	12	14	25	23	25	27
[IV] 皮革, 骨角, 甲殻類及其製品	3	3	5	2	2	3
[V] 油脂, 蠟及其製品				7	8	11
[VI] 薬材, 化学薬, 製薬, 其調合品及爆発物	3	5	12	5	5	13
[VII] 染料及顔料, 塗料及填充料				3	3	4
[VIII] 糸纏, 縄索及同材料				2	4	9
[IX] 布帛及布帛製品	2	4	9	23	26	35
[X] 衣類及同付属品				1	1	1
[XI] 製紙用パルプ, 紙及紙製品, 書籍及絵画	*	*	*	4	5	5
[XIII] 鉱物及鉱物製品				4	5	6
[XIV] 鉱, 金属, 同製品	5	6	10	15	15	21
[XVI] 時計, 学術器, 銃砲, 車両, 船舶, 機材				1	1	3
[XIII] 陶磁器, ガラス及ガラス製品	*	*	*	2	2	3
[XVII] 雑品	6	6	16	7	8	13

(注) 1. ローマ字番号は第2・3表との対応を示す(前者は輸移出, 後者は輸移入).
2. *印は雑品に含まれる分類.

一ウェイトによるラスパイレス式を利用するのは適当でない. そこで, 全期間を10年毎にくぎり, 原則として年頭時の3年平均の貿易金額構成をウェイトとして採用し, 各区間別の指数をリンクすることにした. ただ, 『貿易年表』における品目のくくり方は年をさかのぼるごとにあらくなっており, そこから計算し得る「単価」系列数も減少することも同時に考慮された. この結果, 朝鮮についてはウェイト作成の年次と基準年次が一致しないということになった. このような不一致は指数論の立場からは好ましいこととはいい得ないであろうが, それから生じる「バイアス」は以下の諸帰結を大きく左右するほどには大ではないであろう. 年次区分別の指数の定義については, 第2・1表を参照され

第2・3表　貿易物価指数採用品目表
(A) 輸　移　入

類　別　名	品　目　名
台　湾	
〔I〕穀　物　等	米, 大豆, 小麦粉
〔II〕飲食物等	砂糖, 醬油, 乾魚*, ミルク, 清酒, ビール, 葉煙草
〔III〕油　脂　等	石油, 機械油, 石鹼
〔IV〕薬　材　等	阿片, ダイナマイト, マッチ
〔V〕糸　縷　等	打綿, 綿糸, 毛糸, 黄麻
〔VI〕布　帛　等	綿織物*, ガンニー袋, 麻織物*, 毛織物*
〔VII〕衣　類　等	メリヤス肌着
〔VIII〕紙　　　等	紙*
〔IX〕礦　物　等	石炭, セメント
〔X〕鉱　物　等	鉄塊*, レール, 鉄板, 葉鉄, 鉄線, 鉄管, 銅, 鉛
〔XI〕金属製品	釘, 建設材料*
〔XII〕陶磁器等	陶磁器
〔XIII〕機　械　等	輸送機械*, 船舶*, 工作機械*
〔XIV〕雑　　　品	木材*, 麬, 大豆油粕, 化学肥料
朝　鮮	
〔I〕動　植　物	馬
〔II〕穀　類　等	米, 麦*, 雑穀*, 豆類*, 落花生, 小麦粉, ごま
〔III〕飲食物等	砂糖, アルコール, 酒*, ビール, 野菜*, 漬物*, 昆布, 果物*, 茶, こしょう, 食酢, 醬油, バター, ミルク, 魚介類*, のり, 塩, 葉煙草, 紙煙草
〔IV〕皮　革　等	毛皮, 革類, 馬尾毛
〔V〕油　脂　等	食用油*, 石油*, パラフィン, ろうそく, 石鹼
〔VI〕薬　材　等	甘草, 人参, 化学薬品*, 火薬*, マッチ
〔VII〕染　料　等	染料*, 墨・朱, ペイント
〔VIII〕糸　縷　等	綿*, 綿糸, 麻, 毛糸, 生糸, 縄索*
〔IX〕布　帛　等	綿織物*, 麻織物*, 絹織物*, 毛織物*, 革織物, ガンニー袋, 漁網
〔X〕衣　類　等	衣類*
〔XI〕紙　　　等	紙*, 古新聞
〔XII〕礦　物　等	石炭*, セメント, 火山灰, 石灰, 石粉
〔XIII〕陶磁器等	レンガ, 瓦, ガラス
〔XIV〕鉱, 金属	鉄鉱, 鉄条, 鉄板*, 葉鉄, 鉄線, 鉄管, 鉄屑, 銅*, 鉛*, 亜鉛, 水銀
〔XV〕金属製品	釘, 電線支柱, 家屋建築材料, 橋梁建築材料, 電線, レール, バケット
〔XVI〕機　械　等	輸送機械*, 船舶*, 工作機械
〔XVII〕雑　　　品	藤, 木材*, 薪炭, 木炭, わら製品*, 洋傘, 自然肥料*

(B) 輸 移 出

類 別 名	品 目 名
台　湾	
〔I〕穀 物 等	米*
〔II〕飲 食 物 等	乾筍, 切乾薯, バナナ, 蜜柑, ウーロン茶, 包種茶, 紅茶, 砂糖*, 糖蜜, 鮮魚*, 乾魚*, 鰹節, 食塩, パイナップル
〔III〕皮 革 製 品 等	生皮
〔IV〕薬 材 等	樟脳・樟脳油, アルコール, マッチ
〔V〕糸 縷 等	苧麻
〔VI〕布 帛 等	綿織物*, 麻織物*
〔VII〕衣 類 等	帽子
〔VIII〕礦 物 等	石炭, セメント
〔IX〕鉱, 金 属 等	鉱物*
〔X〕紙 等	板紙
〔XI〕雑 品	木材
朝　鮮	
〔I〕穀 物 等	米*, 大麦, 小麦, とうもろこし, 大豆, 小豆, ごま, 棉子
〔II〕飲 食 物 等	鮮魚*, 乾魚*, 塩魚*, 生貝, 海草類*, 鯨肉, のり, 清酒, 醤油, みそ, 椎茸, 生蔬菜*, りんご, 栗, 寒天, 牛肉, 葉煙草
〔III〕皮 革 製 品 等	生皮*, 豚毛
〔IV〕油 脂 等	棉子油, 鯨油, 牛脂, 蜜蠟, 石鹸, 人参類*, とうがらし, マッチ, 楓葉
〔V〕糸 縷 等	繰綿・打綿, 繭*, 生糸, 綿織物*, 麻織物, 靴
〔VI〕礦物, 鉱物等	黒鉛, 硅砂, 石炭, セメント, 金鉱, 鉄鉱, 亜鉛鉱, 重石鉱, 銑鉄
〔VII〕雑 品	牛, パルプ, 朝鮮紙, 木材*, 薪炭, 木炭, わら製品*, 自然肥料*

〔注〕1. この品目リストは1930年基準指数のものである.
2. *を付した「品目」は複数の「銘柄」を含む. したがって, 本表の品目数と第2・2表の系列数とは対応しない.
3. 類別名は簡略化してある. 正確な名称は第2・2表を参照されたい.

第2・4表　5大特殊分類の分類基準

	主 要 品 目
食　　品	食料品(原糖等の加工用食品原材料を含む)
其他消費財	布, 衣類, 家具・什器, 日用品, 学術用品, 出版物, 薪, 木炭, 軽車両
生 産 原 料	繊維・皮革原材料, 化学薬品(日用品を除く), 石油, 石炭, 肥料, 鉱物
建 設 資 材	木材, 鉄鋼, ガラス, セメント, 石材
設備投資財	機械, 車両(除軽車両), 船舶, 各種部品

たい．

ウェイトの作成にあたっては，グロスウェイト方式が採用された．まず，輸移出，輸移入別に貿易金額を 1930 年代の各々の『貿易年表』の分類にあわせて分割した．この結果，台湾については輸移出 11 分類，輸移入 14 分類，朝鮮については輸移出 7 分類，輸移入 17 分類別の金額系列が得られた[15]．この系列を利用すれば，第 2・1 表に示されたウェイト年次に対応する類別構成比を計算することが出来，この比率は以下計算される類別指数から輸移出入総合物価指数を計算する場合の類間ウェイトとして利用される[16]．次に，類別指数の作成にあたっては，品目別価格系列を類別に分類した後，対応するウェイト時点の貿易金額(類似商品の金額を含む)によって類別ウェイトを比例配分する方式をとった．第 2・2-3 表には，類別の品目数，および各類別に含まれる価格系列名のリストが示されている．

このように，日本統治下の朝鮮および台湾の貿易物価指数の「本指数」は戦前分類を基準として作成されている．しかし，この種の分類は現時点からみるとかなり不便なものである[17]．この点を考慮して，以下の分析では，(1)食品，(2)其他消費財，(3)生産原料，(4)建設資材，(5)設備投資財の 5 分類に再分類して分析をすすめることにする．しかし，貿易統計からは各輸移出品目の用途を読みとることは不可能であるから，第 2・4 表に示されたように品目の主たる用途にもとづいて分類がおこなわれる．この場合，当然問題となるのは「主たる用途」と「定義」との間にどの程度の差が発生するかということであろう．例えば，第 2・4 表では鉄鋼類は建設資材の中に入っているが，台湾または朝鮮の工業で加工用に使用される部分については原材料の分類に組み入れられる必要があろう．この種の推論は次章においてある程度おこなわれるが，ここではこのような「推計」をまじえない数字で分析をすすめていくことにした．第 2・5 表は，このような作業の結果もとめられた特殊分類別の推計値が示されている．一方，各特殊分類に対応する貿易物価指数は，「本指数」で採用した品目を第 2・4 表の基準で分類し，本指数のとき採用したグロスウェイトをそのまま利用して各特殊分類に対応する指数を計算した．この結果，各特殊分類指数を

第2・5表　特殊分類別貿易額構成比（単位：％）

	輸　移　入					輸　移　出				
	食品	其他消費財	生産原料	建設資材	設備投資財	食品	其他消費財	生産原料	建設資材	設備投資財
	台　　湾					台　　湾				
1896-1900	32.9	39.5	19.0	8.1	0.5	76.8	18.7	4.3	0.2	0.0
1901-1905	27.7	41.5	17.1	12.4	1.3	74.2	21.2	4.4	0.2	0.0
1906-1910	22.8	35.5	19.4	20.1	2.2	80.3	14.9	4.6	0.2	0.0
1911-1915	30.2	28.7	23.7	14.9	2.5	77.3	12.7	9.6	0.4	0.0
1916-1920	29.8	24.4	30.0	10.6	5.2	77.7	8.4	12.9	0.9	0.1
1921-1925	32.2	26.6	27.5	9.6	4.1	82.9	6.6	8.2	2.2	0.1
1926-1930	28.5	28.7	28.2	9.1	5.5	84.6	6.9	6.8	1.6	0.1
1931-1935	21.8	29.7	32.4	9.4	6.7	86.5	5.4	7.1	0.9	0.1
1936-1938	23.9	28.9	26.9	13.5	6.8	89.0	5.0	4.7	1.0	0.3
	朝　　鮮					朝　　鮮				
1911-1915	19.1	47.0	21.3	7.1	5.5	72.3	4.5	22.4	0.8	0.0
1916-1920	18.4	44.3	24.7	6.2	6.4	68.4	4.7	26.4	0.5	0.0
1921-1925	21.7	41.4	24.4	8.8	3.7	67.8	4.3	25.6	2.2	0.1
1926-1930	24.7	36.8	26.3	6.5	5.7	66.9	6.2	25.1	1.6	0.2
1931-1935	17.0	39.8	29.9	6.3	7.0	61.1	7.7	28.7	1.8	0.7
1936-1938	14.6	38.9	28.0	7.7	10.8	49.3	15.0	32.5	1.5	1.7

第2・5表に対応するデータから算出したウェイトで加重平均した「総平均」は「本指数」のそれとは一致しない．しかし，その差は比較的小であったので，本指数，特殊分類指数のいずれを利用する場合においても「本指数」の「総平均」を利用していくことにする．

〔II〕戦前・戦後指数のリンク

　本書の本来の目的は主として戦前期間に対するデータの整備にあり，戦後の部分については主として公式統計を出来るだけ利用することを原則としている．このような見方からすると，台湾および韓国の貿易物価指数としては各々1961年，1963年基準の指数が発表されている[18]．台湾の経済発展が1950年代後半より顕著になったこと，韓国の経済成長率が1960年中期より急増したことを考えた場合，これらの公式指数はより以前の時点にまで延長されるべきであろ

う．しかしこの種の作業は，資料の豊富な両国の研究者にゆだねたほうがより効率的であると考えられるので，ここではわれわれの作成した戦前指数と両国の公式指数とのリンクのみに作業を限定することにしよう．

まず台湾についての論述から始めることにする．すでに述べたように，戦後の台湾の貿易構造は大きく変化したが，その内容は1950年代中期を境にかなりことなっている．すなわち，前半は日本からの経済的分離の結果生じたものであり，貿易物価の相対価格に大きな変化がみられる．一方，後半の時点においては台湾の工業化にともなう変化が発生している．このような点を考慮して，本論では次の3段階の作業をおこなうことにした．

(1) 1935年基準1955年指数を作成する．
(2) 1955年基準1965年指数を作成する．
(3) (1), (2)をリンクした後公式指数の1965年値に接続する．

ここで(2)のステップで1965年値が利用されたのは，データ入手上の制約が主たる理由であるが，貿易構成の変化の動向からみても一応適当な時点と考えられる．戦前の数字は既述の『台湾貿易四十年表』が使用され，戦後の数字は

　　中華民国海関総税司署『中国進出口貿易統計年刊』同署，1957，1967

が利用された．

台湾の戦前・戦後指数をリンクする場合解決しなければならないいくつかの問題がある．第1は単価計算をめぐる問題である．戦後の台湾の輸入は通常の商業貿易のほかに米国の経済援助によるものがあり，1955年次では品目によって後者の比重がかなり大のものがある．一般に援助物資の価格と商業貿易のそれとの間には差が存すると考えられるから，これをどのようにとりあつかうかは意見のわかれるところであろう．ここでは，二者を区別せずに単価を計算している点で若干の留保が必要となる．なお，戦後の台湾貿易統計は台湾新元で示されているが，戦前の日本円との間に

$$1 台湾新元 = 40{,}000 日本円 \qquad (2.1)$$

の換算が必要となることは前章と同様である．

戦前・戦後比較におけるいま1つの困難性は，2時点間における分類基準の

第2章 貿易構造と交易条件

相違に見出される.既述のように,台湾の戦前統計は旧日本貿易分類にもとづいておこなわれているのに対して,1965年の台湾貿易統計はIMFの分類に準拠している.本論では,まず旧日本分類にもとづいて1935年基準1955年指数,1955年基準1965年指数の2種のラスパイレス式を作成するとともに,IMF分類にもとづいて上記の2種の指数をパーシェ式で求めることにした.

ところで,これら3時点の単価を比較することは,予想以上に困難であった.その主要な理由は,貿易品目が大きく変化しているためである.これを補充するため,新輸出品等には戦前の卸売価格等を利用する工夫がおこなわれたが,1935年基準1955年指数の算定にあたって,充分な品目数は得られていない(輸出には32品目,輸入には47品目).この意味では,ここで作成された指数は暫定的な性格のものといえる.

朝鮮の貿易物価指数を韓国のそれに接続するには,台湾の場合以上に困難な問題がある.第1は,第2次世界大戦後朝鮮半島が分断されたことより生じる不連続をどのようにとりあつかうべきかという問題である.いま,戦前の地域を戦後の区分に応じて二分した場合,戦前の韓国統治地域に対応する地帯の貿易は,(イ)韓国に属する港湾よりの輸移出入,(ロ)韓国統治地域と朝鮮民主主義人民共和国統治地域間の貿易に分割出来る.このうち(イ)に関する部分は,『朝鮮貿易年表』から計算することが出来るけれども,(ロ)の部分の推計は極めて困難である.このような理由から,貿易物価指数の計算にあたっては(イ)の部分と韓国の貿易統計とを対比することにした.このような方法に対して,批判の余地が大いにあることは充分承知している.戦前の朝鮮は北部に発展しつつあった鉱工業と,南部を主体とする農業地帯との間に経済的補完関係があった.したがって,両地域間の「貿易」量はかなり大であったと考えられる.これに加えて,当時かなり活発であったといわれている「通過貿易」の効果も考えねばならない[19].このような難点の解決には,戦前期における南北地域間の物資移動に関する大規模な作業を必要としよう.しかし,本論でおこなわれた試算も,このような制約があることを念頭におきながら使用される限り,ある程度の役割をはたし得るものである.

第2に,単価の比較もそれほど簡単ではない.戦前については『朝鮮貿易年表』,戦後については

　　　大韓民国政府財務部『貿易統計年報』

の数字が利用された.ところで,戦後の統計は金額は米ドル表示,数量は重量で示されているのに対し,戦前データでは金額は円表示であるけれども数量が種々の単位(例えば容量,個数等)で表示されているために単価の比較可能な品目数はいちじるしく限定される.幸いにして,1967年以降の韓国貿易統計では「第2次数量表示」として重量以外の数量が併記されるようになった.このような技術的条件を考慮して,本論では1935年基準1967年指数を作成し同年で公式指数とリンクすることにした.一方単価は,当年のレートによってウォンに換算された後

$$1 韓国ウォン = 1,000 日本円 \qquad (2.2)$$

の換算をおこなっている.更に,公式貿易指数は米ドル表示で示されているので,リンクにあたってはこれを公定レートを利用してウォン表示にあらためる必要があることは当然であろう.

　第3の問題は,台湾のケースと同様に戦前・戦後間の貿易構造がことなっていることである.ただ韓国経済の発展は,台湾の場合のようにはスムーズにはおこなわれてこなかったので,単価比較上の便宜を別としても1950年代に中間項をおくことによって指数の信頼度を高めようとする試みはかならずしも適当ではない.そこで,1935年基準1967年指数をラスパイレス式とパーシェ式で直接求める試みがおこなわれた.この場合,戦前ウェイトが旧日本貿易分類に近く,戦後ウェイトがIMF分類に準じていることは台湾の場合と同様である.朝鮮貿易物価指数の戦前・戦後比較に用いられた系列数は,輸出38品目,輸入47品目にすぎず,決して充分なものではない.この点からも,以下の戦前・戦後指数に関する試算は台湾の場合以上に暫定的なものといえよう.

§2.3　貿易物価指数の算定結果

　ここで,前節の方式によって作成された指数の計算結果を示しておこう.戦

第2章　貿易構造と交易条件　　　　　　　　47

前についての指数は，ことなった基準年次を逐次リンクした後，1934-36年平均を100になるように換算してある．基準時点をこの3年にとったのは，多くの日本経済の分析でとられている慣習にしたがったにすぎず，朝鮮または台湾の経済にとって，この時点が特別の意味をもっていると判断したからではない．

　ところで，指数のもととなる実効単価の系列をみると[20]，やや不規則な時間的変動が見出される．これは実効単価を利用する場合あらかじめ予測されたところである．このような弊害を除く1つの方法は移動平均法等を利用することであろう．しかし，この種の不規則変動は品目間の平均の過程で消えさる傾向もある点を考慮して，ここではそのような作業はほどこさなかった．ただ，特定年次の貿易量がいちじるしく少なく，かつその平均単価が異常な値をとっているようなときには，その年次の前後の単価の平均値でうめることにした．一部年次について，貿易がまったくおこなわれなかったために平均単価を得ることが出来なかった場合も同様の処理をおこなった．

　第2·6-8表の数字は，戦前の台湾および朝鮮に関する貿易物価指数を示したものである．既述のように，貿易物価指数は各々の『貿易年表』をもとに作成されたものであるから，第2·8表に示されたような表示が基本表として示されるべきであるかもしれない．ただ，このような数字を全年にわたって示すことは多くの紙数を消費することになるし，そのわりには利用法も少ないと考えられたので第2·8表に若干の年次についての結果を示すにとどめた．第2·6-7表には，このような基本分類から計算された総指数と，基本分類を組みなおして求められた特殊分類指数の年次系列が示されている．輸移出に対応する「設備投資財」の物価指数は計算されていないが，輸移入用のもので代用してさしつかえなかろう．また同表には，「交易条件指数」（すなわち輸移出物価指数を輸移入物価指数で割って求められる指数）も付記されている．

　ところで，第2·6-7表に示された貿易物価指数の動きは大勢としてはわが国の一般物価変動と類似した動きを示している．ただ，いずれの地域においても領有当初かなりの物価上昇がみられることは注目されてよい．更に同表に付された交易条件指数は，台湾・朝鮮間においてかなりことなった動きを示してい

第2・6表　戦前台湾貿易

(A) 輸　移　入

	食　品	其他消費財	生産原料	建設資材	設備投資財	平　均
1896	36.90	37.36	37.76	46.23	—	37.62
97	37.51	40.04	24.33	49.39	—	36.96
98	37.53	41.66	27.03	54.21	—	38.75
99	40.06	46.32	29.36	54.88	—	41.67
1900	49.04	47.11	46.44	60.38	63.17	48.89
01	48.31	59.89	40.81	62.10	60.73	51.65
02	40.45	60.39	33.04	57.04	59.35	47.40
03	40.29	62.11	36.41	58.57	59.51	48.91
04	41.63	63.53	40.64	60.97	64.56	51.25
05	48.10	67.87	43.56	63.33	68.95	55.24
06	52.91	74.00	41.04	64.47	69.84	58.24
07	54.30	108.36	42.38	72.09	74.71	61.71
08	47.63	71.90	43.14	72.35	65.69	57.68
09	55.05	71.22	44.20	67.09	60.66	58.54
10	58.57	66.92	56.30	67.86	62.20	61.47
11	61.79	72.39	60.50	66.76	61.71	63.79
12	54.70	71.91	61.01	65.64	70.81	62.87
13	54.66	73.14	61.97	69.40	68.54	63.88
14	55.66	70.11	56.88	66.23	65.69	61.98
15	56.84	68.63	59.18	73.01	81.79	65.06
16	60.21	85.00	78.57	107.66	104.22	82.93
17	68.13	111.53	97.57	171.29	140.16	112.18
18	82.93	146.25	117.72	195.34	152.84	133.47
19	101.77	193.48	151.23	153.41	123.90	143.89
20	113.34	198.08	173.48	179.59	143.84	155.87
21	92.37	137.91	129.88	154.45	133.28	127.43
22	97.73	136.96	126.26	125.32	125.15	123.29
23	94.49	134.38	120.10	124.31	116.05	120.67
24	96.26	145.75	133.63	134.78	125.89	128.27
25	196.97	160.27	137.54	139.53	105.52	134.51
26	87.48	138.82	124.85	113.77	101.23	113.92
27	84.78	118.26	112.40	114.71	101.14	106.95
28	83.15	116.33	110.35	121.23	100.39	106.17
29	86.95	112.39	109.29	115.66	102.27	107.08
30	77.57	88.51	90.47	96.71	90.63	88.03
31	70.35	84.00	71.54	74.47	81.75	75.87
32	80.13	88.81	79.66	76.90	88.69	82.31
33	84.33	102.35	90.15	96.31	98.35	94.17
34	85.11	100.78	90.93	97.00	102.16	94.32
35	103.24	99.91	104.34	102.44	99.59	101.89
36	111.65	99.31	104.73	100.56	98.25	103.79
37	117.27	105.50	118.12	151.00	125.65	124.41
38	119.37	114.50	133.82	159.05	138.68	132.47

物価特殊分類指数

(B) 輸 出

	食品	其他消費財	生産原料	建設資材	平均	交易条件指数
1896	62.30	23.75	37.04	39.23	40.11	106.61
97	67.80	48.85	45.83	41.90	42.98	116.29
98	79.83	91.47	50.22	46.00	48.63	125.50
99	79.90	73.26	55.77	46.57	48.84	117.21
1900	78.67	73.29	56.11	51.23	48.30	98.79
01	76.12	88.44	54.74	52.70	49.21	95.28
02	102.35	87.38	52.46	48.40	61.00	128.69
03	87.38	88.42	51.24	49.70	54.23	110.88
04	99.54	83.67	52.20	51.74	59.18	115.47
05	95.47	84.97	56.23	53.74	57.64	104.34
06	94.53	93.60	62.15	54.70	58.63	100.67
07	108.01	106.54	64.39	61.17	66.70	108.09
08	121.70	98.62	57.15	61.39	71.61	124.15
09	134.19	62.68	53.14	56.93	72.19	123.32
10	110.66	75.24	55.80	57.58	63.17	102.77
11	108.23	72.67	121.15	56.65	61.86	96.97
12	120.41	71.96	112.35	55.69	67.72	107.71
13	130.66	71.24	114.00	58.89	72.89	114.10
14	113.92	73.44	115.23	56.20	65.29	105.34
15	109.24	70.76	113.72	61.96	63.54	97.66
16	111.02	70.86	119.58	91.35	67.06	80.86
17	127.66	75.54	157.00	145.35	77.82	69.37
18	144.89	99.68	200.34	165.76	89.02	66.70
19	183.83	129.23	223.79	130.18	108.11	75.13
20	265.46	224.08	191.04	126.91	153.59	98.54
21	164.03	138.01	129.79	144.44	126.74	99.46
22	133.98	105.72	109.47	153.43	103.93	84.30
23	152.85	110.70	96.87	125.09	114.06	94.52
24	156.22	110.52	106.15	122.12	116.97	91.19
25	151.36	109.71	104.48	128.49	113.60	84.45
26	138.76	109.13	108.94	129.20	105.84	92.91
27	134.98	91.65	99.80	124.60	101.22	94.64
28	127.42	87.54	93.08	121.34	95.69	90.13
29	122.35	91.06	87.82	122.46	92.39	86.28
30	113.16	83.96	75.45	118.68	85.12	96.69
31	90.88	64.80	67.69	99.41	68.79	90.67
32	83.71	68.04	70.88	98.60	78.82	95.76
33	80.29	74.11	76.65	99.86	97.71	103.76
34	89.45	88.23	88.49	95.96	97.10	102.95
35	102.26	89.83	101.32	96.31	94.70	92.94
36	108.29	121.94	110.20	107.73	108.20	104.25
37	109.86	116.26	104.59	131.38	113.62	91.33
38	112.46	135.75	121.79	163.31	118.15	89.19

第2・7表　戦前朝鮮貿易物価特殊分類指数

(A) 輸　移　入

	食品	其他消費財	生産原料	建設資材	設備投資財	平　均
1911	50.11	52.29	61.46	55.00	55.67	53.40
12	52.86	56.14	62.65	53.24	63.89	56.70
13	57.12	60.83	64.25	56.78	61.84	59.87
14	74.74	60.54	61.06	56.94	59.27	62.04
15	72.02	55.72	59.52	68.15	73.35	62.24
16	82.92	69.51	79.20	98.38	94.04	80.96
17	97.06	93.82	104.13	145.49	126.47	106.41
18	133.93	129.72	148.04	208.75	137.90	144.16
19	145.89	166.65	188.59	177.72	111.79	162.89
20	212.66	178.36	211.20	179.39	117.29	183.33
21	142.18	126.28	138.91	131.96	105.63	129.00
22	97.79	116.19	132.04	116.76	100.93	112.84
23	99.10	112.09	139.79	119.79	103.43	112.88
24	106.37	127.20	146.54	128.66	101.52	122.43
25	122.31	126.80	164.45	126.50	105.77	128.76
26	109.77	113.03	144.88	120.00	103.62	119.78
27	98.25	107.93	130.47	112.23	107.75	111.40
28	104.33	106.32	126.71	112.42	110.94	111.71
29	106.63	104.77	117.78	109.19	108.02	109.61
30	94.43	88.30	102.45	101.83	97.89	94.72
31	70.26	78.26	78.66	80.39	86.20	76.95
32	80.01	82.73	87.58	83.01	90.14	83.48
33	88.49	117.92	101.42	102.01	100.10	102.86
34	85.20	96.89	98.34	99.10	102.52	94.24
35	106.02	99.01	100.38	100.70	98.95	101.45
36	108.78	104.10	101.28	100.20	98.53	104.31
37	118.49	128.75	106.39	118.86	152.13	124.20
38	129.62	136.96	115.35	141.02	140.76	132.22

る．これらの意味付けについては，次節以降検討していくことにしたい．

次に，戦前・戦後リンク指数を示しておこう．既述のように，これらの指数はかなり暫定的な性格のものであるので，ここでは最終結果のみを示しておくことにする．まず，台湾についての結果は，第2・9表に示されている．同表で「ラスパイレス式平均」と記されている指数は，1935年基準1955年指数，1955年基準1965年指数を各々ラスパイレス式で計算し，その平均指数について接続をおこなった後，その結果を公式指数の1965年平均指数にリンクしたものである．一方，パーシェ式指数はIMF中分類をもとに，上記の2指数を作成した後，それらの指数を公式指数の分類にあわせるように再計算したものである．1965年における公式指数への接続はラスパイレス式と同様におこなわれ

(B) 輸 移 出

	食品	其他消費財	生産原料	建設資材	平均	交易条件指数
1911	21.31	39.93	63.11	49.95	33.26	62.28
12	26.43	48.14	65.48	46.30	38.31	67.57
13	31.31	59.71	58.08	41.01	40.83	68.20
14	49.77	48.12	50.95	43.24	49.76	80.21
15	39.39	52.98	57.97	40.80	45.25	72.70
16	48.03	67.97	58.80	40.98	52.26	64.55
17	61.60	96.02	94.09	52.31	70.00	65.78
18	94.34	126.03	111.41	88.19	97.33	67.52
19	133.83	155.10	131.47	133.40	129.19	79.31
20	138.52	176.32	152.71	142.85	139.00	75.82
21	96.43	88.34	125.40	102.98	98.59	76.43
22	110.42	112.26	134.06	109.49	110.69	98.09
23	105.36	139.16	135.59	111.16	109.89	97.35
24	128.95	161.32	138.42	112.83	128.13	104.66
25	135.06	163.58	141.13	131.83	132.41	102.83
26	124.61	152.80	131.54	130.53	133.94	111.82
27	113.22	138.49	124.55	119.39	122.11	109.61
28	104.49	129.61	117.69	118.89	112.54	100.74
29	103.31	121.81	113.70	114.45	109.27	99.69
30	86.53	107.84	98.78	107.21	92.30	97.45
31	63.36	80.45	76.45	81.96	68.25	88.69
32	75.41	84.47	80.05	81.29	78.19	93.66
33	79.97	96.35	88.70	91.81	84.75	82.39
34	88.13	95.65	90.07	96.64	89.71	95.19
35	102.63	97.73	100.03	99.03	101.49	100.04
36	109.24	106.62	109.90	104.33	108.80	104.30
37	113.73	109.90	113.61	121.53	113.51	91.39
38	118.55	118.99	125.50	135.58	120.77	91.34

た(したがって,1961年,68年の「ラスパイレス式平均指数」と「パーシェ式平均指数」の比は一定となっている). ところで, 同表の結果をみるとラスパイレス式がパーシェ式を上まわっており, 一般にみられる2算式間の関係と一致している. しかし, その差は戦前・戦後間に発生した大幅な経済構造の変化と比較すれば予想外に少ない. その原因としては, (1)台湾の戦前における主要輸移出品であり, ともにそのウェイトが減少した米と砂糖の相対価格が大きく変化したこと, (2)戦前の台湾の輸移入はすでに多様化していたこと等が考えられる. いずれにせよ, この2算式の結果が類似していることは, 戦前・戦後の貿易比較において便利である.

韓国の戦前基準・戦後貿易物価指数は第2・10表に示されている. ラスパイ

第2・8表 戦前台湾・朝鮮貿易物価基本分類指数

(A) 輸 移 入

	穀物,穀粉,穀粉及び種子	飲食料及び煙草	皮毛,骨角,歯牙,甲殻類及其製品	油脂,蠟及其製品	薬材,化学薬,製薬,其調合品及爆発薬	染料,顔料,塗料及填充料	糸縷,縄索及同材料	布帛及布帛製品
					台 湾			
1896	60.60	33.26	—	23.25	59.13	—	35.19	51.46
1900	73.77	45.81	—	27.87	72.72	—	43.22	64.18
05	52.19	52.48	—	38.23	57.92	—	55.62	73.25
10	79.28	56.87	—	40.01	77.55	—	56.57	71.78
15	85.53	52.75	—	58.01	71.17	—	68.49	72.45
20	130.43	116.48	—	147.30	152.67	—	174.89	198.55
25	144.80	102.36	—	119.68	135.98	—	161.26	207.60
30	65.08	88.07	—	95.30	89.74	—	80.86	100.36
35	103.63	102.63	—	98.79	98.88	—	100.86	98.87
					朝 鮮			
1911	50.25	47.21	43.19	74.82	52.38	63.78	47.58	54.00
15	79.78	48.43	60.30	88.03	57.53	93.17	48.22	55.56
20	236.55	138.52	267.96	294.66	134.27	185.62	173.18	181.01
25	116.80	131.43	150.21	178.52	122.37	178.94	196.99	132.43
30	84.64	108.78	151.80	122.05	100.31	124.53	88.13	80.02
35	110.71	99.70	81.28	100.53	100.15	101.09	100.76	102.49

	衣類及同付属品	製紙用パルプ,紙,紙製品,書籍及絵画	鉱物及鉱物製品	陶磁器,ガラス及ガラス製品	鉱及金属	金属製品	時計,学術器,銃砲,車両,船舶及機械類	雑 品
					台 湾			
1896	80.88	19.24	61.71	—	43.32	—	—	41.59
1900	100.88	24.85	100.72	—	59.94	—	57.15	53.56
05	113.05	74.55	94.30	—	53.58	—	62.38	58.28
10	111.90	83.37	95.72	57.48	62.65	80.23	56.27	62.60
15	102.37	88.25	114.06	57.29	92.58	134.46	73.99	60.58

	穀物,穀粉,澱粉及種子	飲食物及煙草	皮毛,骨角,歯牙,甲殼類及其製品	藥材,化學藥,藥品及爆發藥,其合品	糸纖,縄索及同材料	布帛及布帛製品	衣類及同付屬品	鑛物及鑛物製品	鑛,金屬及金屬製品	製紙用パルプ,紙,紙製品,書籍及繪畫	雜品
1920	309.39	—	294.93	316.89	—	190.31	167.19	314.55	130.14	—	215.99
25	241.95	—	95.49	187.57	—	174.39	118.07	243.43	95.46	—	159.38
30	116.02	—	49.57	126.50	—	75.97	88.33	106.04	81.99	—	97.16
35	98.37	—	104.49	100.70	—	125.11	97.14	96.08	98.16	—	105.36

鮮

	穀物,穀粉,澱粉及種子	飲食物及煙草	皮毛,骨角,歯牙,甲殼類及其製品	藥材,化學藥,藥品及爆發藥,其合品	糸纖,縄索及同材料	布帛及布帛製品	衣類及同付屬品	鑛物及鑛物製品	鑛,金屬及金屬製品	製紙用パルプ,紙,紙製品,書籍及繪畫	雜品
1911	59.00	—	37.50	58.52	19.29	—	57.21	64.39	55.67	—	48.07
15	77.30	—	44.64	44.02	37.47	—	69.05	77.59	73.35	—	47.14
20	239.09	—	133.69	185.39	73.00	—	174.13	233.88	117.29	—	132.04
25	149.80	—	82.86	108.01	54.52	—	120.96	148.49	105.77	—	118.46
30	97.10	—	95.18	103.60	102.72	—	101.11	108.84	97.89	—	94.91
35	99.40	—	88.35	101.18	101.60	—	100.37	96.79	98.95	—	104.58

(B) 輸移出

	穀物,穀粉,澱粉及種子	飲食物及煙草	皮毛,骨角,歯牙,甲殼類及其製品	藥材,化學藥,藥品及爆發藥,其合品	糸纖,縄索及同材料	布帛及布帛製品	衣類及同付屬品	鑛物及鑛物製品	鑛,金屬及金屬製品	製紙用パルプ,紙,紙製品,書籍及繪畫	雜品
1896	37.04	59.88	—	—	26.61	34.05	101.36	34.12	—	—	—
1900	46.98	75.76	68.94	62.98	39.43	55.68	192.75	56.39	—	—	—
05	41.40	99.95	66.35	73.02	40.89	59.36	106.62	54.14	—	—	—
10	44.67	117.57	60.34	64.81	38.52	45.38	64.59	53.86	—	—	—
15	42.10	117.10	92.10	61.28	66.39	39.95	400.16	70.07	—	—	—
20	108.33	281.48	207.43	161.92	96.27	190.80	74.31	244.75	—	—	162.02
25	131.21	135.73	103.27	76.62	96.05	128.70	157.10	138.73	91.49	99.28	133.07
30	81.25	107.47	108.96	52.45	64.58	86.86	115.38	108.96	76.15	102.36	123.86
35	113.53	92.80	76.83	84.94	112.51	97.90	—	102.56	93.98	—	94.76

鮮

	穀物,穀粉,澱粉及種子	飲食物及煙草	皮毛,骨角,歯牙,甲殼類及其製品	藥材,化學藥,藥品及爆發藥,其合品	糸纖,縄索及同材料	布帛及布帛製品	衣類及同付屬品	鑛物及鑛物製品	鑛,金屬及金屬製品	製紙用パルプ,紙,紙製品,書籍及繪畫	雜品
1911	17.34	48.30	45.53	120.56	—	54.76	—	44.09	—	—	49.95
15	38.03	52.05	78.30	127.15	—	73.40	—	34.47	—	—	40.80
20	138.39	147.38	153.10	119.85	—	244.08	—	92.73	—	—	142.85
25	137.69	122.60	115.54	129.84	—	226.47	—	86.71	—	—	131.83
30	81.40	108.54	82.01	91.09	—	111.94	—	90.49	—	—	107.21
35	104.69	93.08	98.35	89.28	—	97.04	—	107.77	—	—	99.03

第2·9表　台湾戦前基準・戦後貿易物価指数(1935＝0.001)

(A) 輸　出

		1955	1961	1965	1968
ラスパイレス式平均		756.6	1365.0	1368.6	1418.2
パーシェ式	農・林・畜・漁産品	496.5	1598.7	1587.3	1501.7
	礦　産　物	931.0	2188.9	1999.9	1892.5
	食品, 飲料, 煙草	670.7	1587.8	1492.9	1943.2
	紡織,皮革,木材製品	608.6	1043.1	1057.1	957.1
	非金属礦物産品	574.0	1667.0	1419.6	1600.6
	化　学　品	366.1	551.0	528.0	464.8
	基　本　金　属	816.4	2420.0	2293.2	2144.8
	金　属　製　品	611.6	1403.8	1578.5	2041.8
	其　他　製　品	1232.6	2525.7	2736.4	3193.4
	平　　　　均	570.8	1291.6	1294.6	1342.0

(B) 輸　入

		1955	1961	1965	1968
ラスパイレス式平均		627.0	1296.1	1260.2	1304.4
パーシェ式	農・林・畜・漁産品	896.2	1997.1	2327.3	2584.7
	礦　産　物	442.5	742.0	818.8	999.1
	食品, 飲料, 煙草	373.0	615.1	552.6	553.2
	紡織,皮革,木材製品	1103.3	1539.3	1632.2	1735.7
	非金属礦物産品	552.8	905.6	847.1	1002.5
	化　学　品	530.8	932.3	786.3	688.9
	基　本　金　属	611.6	1405.6	1362.7	1328.6
	金　属　製　品	611.6	808.9	939.8	950.3
	其　他　製　品	745.0	2280.2	2205.4	2122.5
	平　　　　均	573.2	1149.8	1117.9	1157.0

第2·10表 韓国戦前基準・戦後貿易物価指数(1935年=0.01)

		パーシェ式							ラスパイレス式平均
		飲食物	非食用原料	鉱物性燃料,同製品	動植物性油脂	化学品	原料別製品	その他	平均	
輸出	1963	130.8	90.5	63.5	400.6	92.6	124.6	140.0	122.1	131.6
	64	280.8	175.7	121.6	859.7	173.5	247.2	279.2	244.9	263.9
	65	303.9	219.1	124.5	831.1	161.0	270.0	288.0	270.1	291.0
	66	357.8	246.5	123.4	813.8	158.0	281.7	317.2	296.6	319.6
	67	359.9	282.6	138.6	850.3	172.0	292.9	329.8	312.3	314.7
	68	411.6	292.5	145.4	833.8	183.7	328.0	334.2	332.0	357.7
	69	601.1	404.7	223.8	1100.6	230.0	459.5	444.7	454.2	489.4
輸入	1963	103.6	115.6	102.1	382.7	62.9	166.7	155.8	130.8	137.5
	64	197.5	222.5	206.4	804.0	134.5	332.5	304.5	259.8	273.1
	65	199.7	235.5	216.7	1002.8	151.9	348.1	352.1	280.9	295.2
	66	195.3	232.8	218.9	972.2	150.7	324.3	360.2	277.2	291.4
	67	205.9	234.5	222.4	850.3	148.2	332.4	390.9	287.1	301.8
	68	206.3	237.9	248.3	748.4	131.0	342.9	398.2	289.4	304.2
	69	292.1	338.9	308.7	1253.0	182.2	483.7	579.0	410.0	431.0

レス式,パーシェ式の作成法および公式指数の接続法は台湾のケースと同じである.ここで,われわれは再び両算式の結果が類似していることにおどろかされる.ただ,韓国の場合には,一部の例外を除き,同表に示された各類別指数が比較的類似しているので,一応納得的な帰結といえよう.そして,この事実自体,今後の研究テーマの1つになり得るかもしれない.

§2.4 貿易変動に関する若干の分析

〔I〕戦前の交易条件の変化

貿易物価の分析において,まず念頭にうかぶのは交易条件の検討であろう.交易条件は,一国の貿易上の地位が相対的に有利となったかどうかを示す指標であり,経済的背景をどの程度考慮するかによって各種の指標が考えられる[21].しかしここでは,得られる統計の状況により「交易条件指数」に議論を限定せざるを得ない.交易条件指数は,輸移出物価指数を輸移入物価指数で割って求められる.すなわち,輸移出物価指数のみが上昇すれば,同一輸移出数量の見

かえりとして獲得出来る輸移入品の数量はより大となるから，その国の貿易上の地位は向上することになるというのがこの指数の意味である[22]．

ところで，台湾および朝鮮の貿易物価が，いずれも日本統治初期において急上昇していることはすでに述べた．また，貿易物価にみられるトレンドやサイクルの類似性についても一応ふれておいた．しかし，分析の対象を戦前の交易条件指数に切りかえた場合，台湾・朝鮮間には類似点よりも相違点のほうがより多く観察出来るように思われる．

第2・1図は戦前の台湾および朝鮮における交易条件を図示したものである．同図においてまず気づくことは，領有初期の台湾における交易条件にはほとんど変化がみられないのに対して，朝鮮の交易条件は領有初期においていちじるしく有利化している．2者の相違点はこれのみにとどまるのではなく，日本の朝鮮領有以降，台湾と朝鮮の交易条件の時間的変化において相違点が目につく．すなわち，1910年代において朝鮮の交易条件が有利化している時期においては，台湾の交易条件は低下傾向を示し，1920年代後半より朝鮮の交易条件指数が下降するのと対照的に台湾の指数は上昇に転じている．このような現象は，貿易が相互におこなわれている国間においてはしばしば見出される傾向であってそれ自体めずらしいものではない．例えば，工業国と農業国の貿易を考えた場合，交易条件が逆の動きをしめすのは理論的にもうなずけることである．しかしながら，台湾と朝鮮間においては，このような仮説はそのままでは妥当しない．すなわち，両地域間におこなわれた貿易量は決して大ではないし，両地域の輸移入商品の性格には，相違点よりも類似点がより多く見出されるからである．このことから，台湾・朝鮮間における交易条件の変動型の相違については，特殊な説明が必要となってくる．

いうまでもなく，交易条件を支える要因は非常に複雑であって，本格的な分析をおこなうにはかなりの作業が必要となろう．ただ，朝鮮の輸移出の主体が米であり，台湾のそれが米，砂糖であるという比較的単純な貿易構成がわれわれの推論をある程度可能にする．第2・1図には，1つの参考として台湾・朝鮮からの対日移出の比率が付記されている．同図によれば，日本の朝鮮領有以降

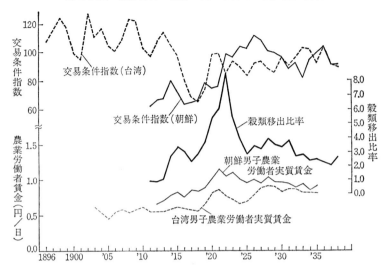

第2・1図　戦前台湾・朝鮮の交易条件と実質賃金の変化

朝鮮米の対日移出は急増し，1920年代中期まで台湾米を圧倒している．しかし，1920年代の後半から台湾米の比重の増大が注目されるようになる．この図と上記の交易条件の変化を比較すると，多少の時差を無視すればかなりの相関関係を観測することが出来る．

それでは，このような相関関係はどのような背景の下で発生したのであろうか．日本の台湾領有以降，台湾の輸移出，輸移入物価はほぼ併行して上昇し，この結果1900年代までの台湾の交易条件は一定の水準をたどっていた．そして，この間輸移出の面では米の移出増が大であったことは注目されてよい．ところで，1910年の朝鮮領有は，台湾米の移出にかなりの打撃を与えた．すなわち，当時の朝鮮米の価格は台湾米を下まわっており，品質差もそれほど大でなかったことから，朝鮮米移出の急増がみられる．そして，1910年代にみられる朝鮮の交易条件の有利化は，朝鮮米価格の台湾米価格への接近というプロセスより生じたことは確かである．この間台湾米の価格が，輸移入物価と比較して相対的に下落したことはおどろくにはあたらない．

台湾の物価を考える場合，砂糖の生産費と米の生産費の関連がしばしば問題

第2・11表　台湾実質農業生産額5年間の増加率(%)

		普通作物	特用作物	園芸作物	計
自 1905-09	至 1910-14	1.1	54.5	14.4	6.1
1910-14	1915-19	6.6	98.0	27.8	18.6
1915-19	1920-24	9.6	18.4	40.6	13.3
1920-24	1925-29	24.6	37.0	36.6	28.0
1925-29	1930-34	24.5	9.8	15.2	22.8

〔出所〕石川滋「日本領有時期の台湾農業の変化」(篠原三代平・石川滋編『台湾の経済成長』アジア経済研究所，1971, p.12).

となる．日本の台湾領有の主目的が砂糖の確保にあったことは周知の事実であるが，その原料を得るためには米生産による農家の労働報酬にみあうだけの糖価の維持が要求された[23]．このような事情を考慮した場合，1910年代の糖価が比較的安定していたにもかかわらず，甘蔗の大幅増産がおこなわれた経済的背景を読みとることが出来る(第2・11表参照．同表では近似的に普通作物を米，甘蔗を特用作物とみなしてよい)[24]．

ところが，1920年代に入って台湾米の反当り生産性には大きな上昇がみられる．初期の段階では在来品種の改良，後半においては蓬萊米の導入がその動因となるが，この期間に見出される生産性の向上速度は戦前に関する限り驚くべき水準にあった．このような生産性の向上は，次のような3つの作用をもっていたと考えられる．

(1) 米の供給量の増大によって米価(台湾米，朝鮮米)の停滞をもたらす．

(2) (1)の事情にもかかわらず，台湾農民の実質労働報酬は増大する．

(3) (2)の結果，甘蔗確保のために砂糖の実質価格の引きあげが必要となる．

(1)と(2)が同時に成立し得るのは，移出市場における台湾米の比重が朝鮮米に比して低いためであり，(3)を支えたものは日本における外国糖に対する関税保護であった．

ところで，(1)の条件は，朝鮮米の上昇をおさえ，朝鮮の交易条件の悪化をもたらすことになる．1920年代後半からみられる朝鮮農業の停滞の一因は，台湾米の技術革新による米価の相対的低下にあったといえよう．従来，朝鮮農業の

停滞の原因として日本農業との「相剋」が問題とされてきた．朝鮮米の移出増が日本農業をおびやかすにおよんで，日本政府，朝鮮総督府が朝鮮農業の発展にわくをはめようと意図したことは周知の事実である．このような身がってな政策意図はまさに批判の対象となり得るであろう．ただ筆者の接した文献による限り，この種の意図はかならずしも「成功」していない．このような見方からすれば上に示した1つの仮説は一応吟味の対象となり得るであろう．(3)の事実は，統計数字によっても充分裏付けられる．台湾の輸移出にしめる砂糖の比率が米を大幅に上まわっていたことが，1930年代における台湾の交易条件を有利化せしめた背景をなしている．このような見方からすれば，台湾米の生産性の上昇は，単に台湾経済の発展と考えるうえで重要であるだけではなく，朝鮮および日本の経済史を検討する場合にも大きな比重をしめることになる．

次に，第2・1図に示されている農業の実質賃金の動きについて若干のコメントを追加しておこう．同図の実質賃金の動向は，交易条件の動向とかなり類似している．これは，台湾・朝鮮の交易条件が主として輸移出価格の動向で支配されていることによって説明出来よう．朝鮮の実質賃金は日本領有初期において上昇したが，これは米価の上昇と関連がある．一方，台湾の実質賃金が1920年代後半で上昇したのは，上記(2)とコンシステントである．更に(3)の事実は，台湾の実質賃金をめぐる一見矛盾した2種の研究を統一的に説明するのに役立つかもしれない．すなわち§1.4に示されたように，台湾の実質賃金は農産物物価で評価される限り上昇トレンドはみられないが，消費者物価で評価すると上昇トレンドがみられるというものであった．砂糖価格の変動は，農産物平均指数に大きな影響をもつけれども，消費者物価にはほとんど効果を有していないことから，(3)の仮説はこの矛盾を一応説明し得ることになる．ただこの場合，低開発国理論における無制限的労働供給の議論とはかなり次元をことにすることにも注意されなければならない．

〔II〕 戦前実質貿易額の変化

次に，台湾および朝鮮の貿易実質額の変化の動向を検討してみよう．最初に両地域の輸移出入別合計額を，対応する物価指数でデフレートして1934-36年

価格に換算してみると第2・2図に示されたような結果が得られる[25]. ところで同図は半対数グラフでえがかれているから, その勾配は貿易実質額の成長率に比例することになる. そこで平均成長率を計算するために

$$\log X(t) = a + bt \tag{2.3}$$

をあてはめてみよう. ここで X は実質輸移出入額, t は年, log は自然対数を示す. まず台湾については 1896-1938 年間において

　　輸移出　6.1%, 輸移入　4.9%

の成長がみられ, 朝鮮については, 1911-38 年間において,

　　輸移出　8.7%, 輸移入　8.2%

の平均成長率が得られる. 朝鮮についての実質成長率はおどろくべき高さであるのはいうまでもないが, 台湾のそれも戦前の各国経済との比較においては非常に高い水準にあったといえよう. また台湾の輸移出の成長率は輸移入のそれを大幅に上まわっているが, この差が§2.5で述べる貿易黒字につながっている. 年別の貿易額の変化では, 台湾・朝鮮とも1930年代の輸移出の成長率が大であることが注目されよう.

貿易実質額の分析でより興味がもたれるのは, 分類別の実質輸移出入額の動向であろう. §2.2では, (イ)1930年代における台湾および朝鮮の『貿易年表』で採用されている分類に対応する物価指数と, (ロ)「5大特殊分類」による金額お

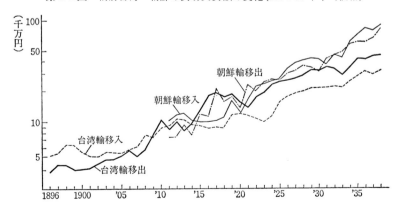

第2・2図　戦前台湾・朝鮮の貿易実質額の変化(1934-36年平均価格)

よび物価指数が計算されているから，目的に応じて両者を使いわけることが出来るが，ここでは後者を主体として検討をすすめることにしたい．第2・12表には，特殊分類別の全観察期間にわたる増加率が示されており，第2・3-4図には類別輸移出入の変化が半対数グラフにえがかれている．各分類の貿易にしめる比重はことなるから，分析にあたっては第2・5表もあわせ参照されることが望ましい．

第2・12表 5大特殊分類別実質輸移出入年平均増加率(%)

	輸移出		輸移入	
	台湾	朝鮮	台湾	朝鮮
食　　　品	8.6	6.8	4.4	8.8
其他消費財	3.8	14.1	4.2	7.4
生 産 原 料	8.2	11.1	5.4	10.2
建 設 資 材	12.3	12.7	5.2	8.6
設備投資財	16.3	26.8	8.6	10.3

まず輸出の検討より始めよう．台湾の輸移出の大半が食品であることはすでに述べた．この輸移出の増加率は1900年代から1910年代において高く，1920年代初期で停滞した後1930年代において再上昇している．しかしこの増加は予想以上に複雑な背景の下に達成されていることに注意されなければならない．すなわち，1900年代初期における食品輸移出の増加は米および茶移出増に多くを負っているのに対し，1910年代の主役は砂糖にとってかわられる．そして，1921年以降の貿易において再び米移出の増加が顕著になるとともに，果物類の移出も注目されるようになる．このような変化を支える経済的背景については前項において若干ふれたのでこれ以上立ち入らない．

食品以外の輸移出では，生産原料の増加が注目される．これは前半の時期においては漢方薬，染料を，また中期からは樟脳，アルコールを主体とした化学薬材に負うところが多い．また1910年以降増加した建設資材（主として木材）にも注目する必要があろう．

一方，朝鮮においても食品の移出が輸移出の主体であることにはかわりはない．食品移出の中心は「朝鮮の米[26]」であるが，1920年代より急増した水産物

第2・3図　戦前台湾の類別実質貿易額の変化

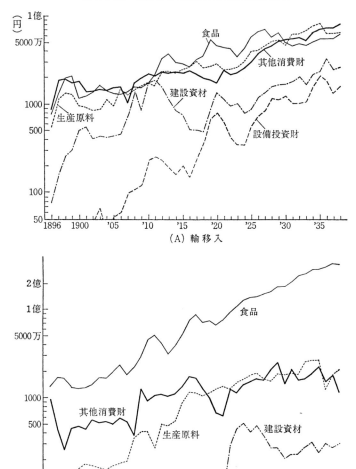

〔注〕50万円未満は省略．

第2・4図　戦前朝鮮の類別実質貿易額の変化

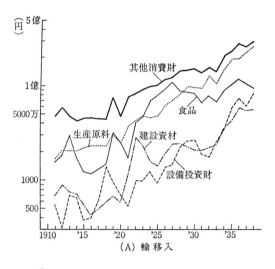

(A) 輸移入

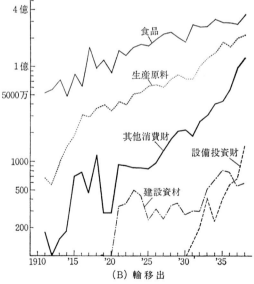

(B) 輸移出

〔注〕100万円未満は省略.

も無視することは出来ない．第2・3-4図からもわかるように，朝鮮米の日本市場にしめる地位は台湾米よりはるかに大である．しかし，前者の移出の増加率は後者に比してかなり低い．領有初期においてみられる生産原料の増加はまゆを中心とする繊維原材料の供給に負うところが大である．一方，朝鮮北部を中心とする鉱業の開発がすすめられるにつれて，鉱産物の増加は生産原料移出ののびを支える重要な役割をはたすにいたった（鉱業の特殊なものとして金鉱の産出もみられるが，この対日移出は貿易の中に含ませていない）．其他消費財輸移出の急速なのびについては「通過貿易」の効果を考慮しなければならない．すなわち，朝鮮の貿易統計においては，日本より朝鮮経由で中国東北部へ陸送された輸出額が朝鮮の移入，輸出両勘定に計上されている．このことから朝鮮を主体として考える場合には，「通過貿易」を除外して考察がすすめられる必要がある．従来，この種の議論は繊維品の貿易をめぐっておこなわれてきた[27]．しかし筆者の検討したところによれば，通過貿易をめぐる在来の「通説」にはなお再吟味が必要な部分も存在するようである．たしかに，繊維品の移入増と輸出増の総額は極めて類似した動きを示している．しかし，貿易統計を利用して品目別に同様のチェックをおこなってみると，移入増の品目と輸出増の品目とはかならずしも対応関係がみられないのである．日本統治下の後半においては，朝鮮の繊維工業はかなり発展しており，その製品の一部は輸出増となってあらわれていた．したがって，通過貿易の分析は，より詳細な分析が要請される．

　次に台湾の輸移入をみると，その構成は極めて多数の商品によってしめられている．まず消費財についてみれば，食品の増加がめだち，後半においては「其他消費財」ののびが顕著となっている．台湾の食品輸移入は，穀類，生鮮食料品を除く広範囲な食品群にわたっており，人口の増加と所得水準の向上とともに輸移入の大幅増がみられたのは極めて自然な動向といえる．ただ1920年代以降，一部食料品の島内生産による移入代替がおこなわれたために移入量は停滞している．一方，其他消費財の主体は繊維製品，家具・什器類であるが，島内生産はほとんど無視し得る程度であることから，輸移入の増加はそのまま

第2章 貿易構造と交易条件 65

島民の生活水準の向上を反映したものと考えてさしつかえないであろう.

　台湾の輸移入で生産原料がかなりの割合で増加していることは一見奇異にみえるかもしれない. というのは, 台湾の工業の主体は島内に原料をもとめる精糖業であるからである. これに対する答は,「生産原料」の中に肥料が含まれていることの指摘によってある程度までおこなうことが出来る. 台湾の農業における金肥 (貨幣で購入した肥料) の投入が年々増加し, 当時の日本の水準を上まわっていたことは周知の事実である. このほか生産原料の増加を支えたものに燃料の輸移入がある. 台湾の建設資材の輸移入はいくつかのサイクルをえがきながら増加しており, 第2・3図の年次系列でみるとその動きは鉄道建設とある程度関連があるように思われる. 一方設備投資財の増加もめざましい. 特に1906年から1911年, 1917年から1921年にかけての2期間の急増は目をみはるものがある. また1929年以降の漸増傾向も注目される必要があろう.

　朝鮮の輸移入も性格的には台湾と類似性をもっている. ただ食料品の輸入の中に雑穀の比重がかなり高いことは指摘される必要があろう. これは, 対日米移出の代替食料として大陸から輸入されたものとされており, 日本の植民地政策の一端をあらわすものとされてきた. 朝鮮の建設資材輸移入は1910年代後半から20年代前半に, また設備投資財は1920年代に急増しており, 台湾における輸移入ののびの低い時点と一致していることは興味深い. 建設資材の輸移入の時期が鉄道・港湾関係の整備の時期と一致していることは台湾の場合と共通性が見出される. 朝鮮に対する設備投資財の輸移入の成長率も高く, (2.3)式による推定結果は15%に達し, 台湾のそれを上まわっている (推定期間1911-38年). これらの設備投資財の輸移入は, 1920年代後半からの朝鮮鉱工業の発展につながることになるが, この問題は次章でくわしくとりあげることにしたい.

〔Ⅲ〕 戦前・戦後比較

　台湾経済は第2次大戦後大きく発展してきたが, その足跡は貿易面に明瞭にあらわれている[28]. まず, 1950年代初期においては, 中国内戦の影響もあって, 台湾の貿易収支は大幅な赤字を示していた. これを補っていたのは米国の対中

華民国政府援助であった．しかし，1955年以降，台湾の輸出競争力は増大し，米国の援助は経済面から後退し軍事援助に限定されるようになる．更に1960年以降については対日貿易の比重が増加するようになってくる．

　この間貿易構成の面でも大幅な変化が見出される．第2・13表には，戦前日本貿易分類に対応する形で台湾の貿易構成が示されている．まず輸出について1935年と1955年値を比較してみるとおどろくほどの類似性をもっている．換言すれば，1955年以前の台湾経済の変化は，輸出面にみる限りなおモノカルチャー的な性格にとどまっていたともいえる．しかし，輸入面についてはかなり興味ある変化がみられる．すなわち，戦前貿易で大きな比重をしめていた布類の輸入が減少し，糸類の増加がめだっている．これは，台湾内で成長しつつあった繊維工業が，ある程度島内需要を満たすような段階に達したことと関連がある．雑貨の輸入減についても同様の解釈が可能であろう．一方，工業化を反映して機械輸入の比重が増加しているのも注目される．1965年になると，輸出の構成比に大きな変化がみられる．すなわち，台湾の繊維工業の発展が，輸入代替の段階から輸出競争力をもつようになり，輸出構成のうえでかなりの比重を示すようになる．同様の動きは，軽機械，雑貨についてもみられる．それとともに，米，砂糖を中心とする食料品の輸出の比重が低下しているのがめだつ[29]．輸入面での変化は，1955年にみられた傾向の延長線上にあるとみなしてさしつかえあるまい．

　次に，実質額の変化に着目してみよう．戦前・戦後を結ぶ物価指数はかなり暫定的なものであるからあまりこまかい比較をすることには問題があるが，ある程度の誤差を覚悟して戦前基準のラスパイレス式でデフレートしてみると第2・14表が得られる．この表をみると，戦前・戦後間における貿易構造の変化を読みとることが出来るが，第2・12表の解説と重複する部分が多いので詳論はさしひかえる．ただ，1955年の総輸出額の実質水準が，戦前の約35%，輸入が65%程度であったことは注目されてよい．1955年から65年にかけての台湾経済の発展は，実質額で16%を上まわる輸出増をもたらし，対外赤字は縮小の方向にむかっている．一方，輸入も依然として輸出を上まわっているとはいえ，

第2.13表 台湾貿易の名目構成比の変化(戦前・戦後比較：%)

	輸出 1935	輸出 1955	輸出 1965	輸入 1935	輸入 1955	輸入 1965
1. 植物, 動物	0.4	0.3	0.4	0.2	0.0	0.3
2. 穀物, 穀粉, 澱粉, 種子	30.2	23.6	9.9	5.1	13.7	10.1
3. 飲食物, 煙草	55.1	65.8	40.2	16.0	2.9	2.3
4. 皮革, 骨角, 歯牙, 甲殻類, 同製品	0.3	0.4	0.4	0.3	0.6	0.4
5. 油脂, 蝋, 同製品	0.4	3.2	1.4	4.7	9.1	9.9
6. 薬材, 化学薬, 製薬	4.5	0.6	1.7	4.5	14.6	5.2
7. 染料, 顔料, 塗料	0.1	0.1	0.1	0.8	1.0	1.2
8. 糸縷, 縄索, 同材料	0.5	0.2	3.9	1.5	11.2	8.6
9. 布帛, 同製品	1.4	0.8	6.1	12.1	1.0	2.4
10. 衣類, 同付属品	1.0	0.0	4.0	2.9	0.4	2.1
11. パルプ, 紙, 書籍	0.5	0.1	1.2	2.7	1.2	1.9
12. 鉱物, 同製品	0.8	0.6	2.6	2.1	1.8	2.2
13. 陶磁器, ガラス, 同製品	0.1	0.1	0.4	1.3	2.0	0.1
14. 鉱, 金属	3.5	2.1	6.9	6.9	8.6	14.3
15. 金属製品				3.9	1.8	6.3
16. 時計, 学術器, 車両, 機械	0.1	0.0	2.2	8.4	17.8	25.0
17. 雑品(木材を含む)	1.1	2.1	18.6	26.6	12.3	7.7
輸(移)出入合計金額	350,744	1,916,930	17,987,291	263,119	3,145,998	22,296,043

(注) 輸(移)出入金額の単位は, 1935年は1,000円, 1955, 1965年は1,000台湾新元.

第2·14表　台湾貿易実質額の戦前・戦後比較（1935年＝100）

	輸出		輸入	
	1955	1965	1955	1965
1. 植物，動物	69.6	527.6	—	—
2. 穀物，穀粉，澱粉，種子	19.7	31.6	322.4	931.1
3. 飲食物，煙草	63.3	190.4	16.9	50.5
4. 皮革,骨角,歯牙,甲殻類,同製品	5.7	12.4	181.8	471.3
5. 油脂，蠟，同製品	167.4	560.4	102.7	330.7
6. 薬材，化学薬，製薬	4.8	85.2	555.8	1000.6
7. 染料，顔料，塗料	49.3	148.0	126.6	489.7
8. 糸縷，縄索，同材料	25.0	2007.6	1008.4	3054.9
9. 布帛，同製品	9.5	1009.2	2.3	16.6
10. 衣類，同付属品	0.0	263.2	5.0	78.7
11. パルプ，紙，書籍	3.3	168.4	11.2	53.6
12. 礦物，同製品	20.3	534.4	66.4	253.5
13. 陶磁器，ガラス，同製品	39.5	990.4	133.1	15.1
14. 鉱，金属	21.5	570.0	81.6	405.8
15. 金属製品			50.4	1077.3
16. 時計，学術器，車両，機械	0.0	6354.8	165.7	1421.5
17. 雑品（木材を含む）	23.9	1457.6	40.3	85.4
計	34.9	162.8	63.2	247.1

その構成が消費財から，生産原料，投資財にむかっている点で大きな改善がみられる．

次に，前節の暫定的物価指数を利用して交易条件を1955年指数について計算してみると，ラスパイレス式で82.9，パーシェ式で99.6となる．一方，1955年基準1965年指数についてみると，ラスパイレス式で111.1，パーシェ式で86.0とことなった結論が得られる．この2時点間では大きな貿易構造の変化が生じているから，このような「矛盾」はおどろくにはあたらない．ただ，この2時点をいくつかの時点にくぎってリンク指数を作成したとすればパーシェ式よりの帰結が得られやすいと考えられるので，全般的には交易条件はやや悪化していると考えたほうがよさそうである．そして，この帰結は1961-68年の公式指数の傾向とも一致している．

韓国の貿易と戦前貿易を比較する困難性はすでに前節でのべた．現韓国領有地の戦前の貿易を考えるにあたって現朝鮮民主主義人民共和国の領有地との交易を無視することはある意味で致命的欠点ともいえる．この問題は，指数ウェイト作成にあたっても疑点を残していたが，貿易額そのものの比較にあたって

第2・15表　韓国貿易の名目構成比の変化（戦前・戦後比較）

		1936		1961	1964	1967
		全朝鮮	南朝鮮	韓国	韓国	韓国
輸出	穀物，穀粉，澱粉及種子	47.45	63.94	2.37	2.07	1.80
	飲食物及煙草	6.37	5.21	17.03	14.54	13.71
	皮毛，骨角牙殻類及同製品	0.80	1.14	0.34	0.15	0.51
	油脂,蠟,同製品,薬材,化学薬類,染料及塗料	5.41	2.31	1.68	1.23	1.74
	糸縷，縄索，布帛，衣類及同付属品	10.52	15.41	8.50	12.26	39.49
	礦物，鉱，金属及同製品	13.78	4.95	49.74	49.13	17.45
	雑品	15.67	7.04	20.34	20.61	25.29
	輸出金額	519,258	290,925	40,879	119,058	320,229
輸入	植物及動物	0.20	0.22	0	0.10	0.06
	穀物，穀粉，澱粉及種子	8.91	5.54	9.97	15.48	8.64
	飲食物及煙草	7.55	8.35	10.00	15.72	1.42
	皮毛，骨角牙殻類及同製品	0.55	0.83	0.24	0.14	0.28
	油脂，蠟及同製品	5.03	4.76	1.48	7.64	6.90
	薬材，化学薬，製薬及爆発薬	3.37	4.44	5.28	5.86	5.99
	染料，顔料，塗料及填充料	0.77	0.06	1.38	0.97	0.87
	糸縷，縄索及同材料	6.49	5.77	}19.25	}17.92	12.96
	布帛及布帛製品	12.93	15.63			2.10
	衣類及同付属品	6.08	8.41	0.02	0.06	0.02
	製紙用パルプ,紙,紙製品,書籍及絵画	3.28	4.31	3.00	2.80	2.12
	礦物，及同製品	4.66	2.73	0.15	1.69	0.97
	陶磁器，ガラス及ガラス製品	1.51	1.59	1.04	0.58	1.40
	鉱及金属	7.22	5.41	3.53	5.68	8.94
	金属製品	6.00	6.15	0.58	0.74	2.68
	時計,学術器,銃砲,船車及機械類	11.07	13.35	14.54	17.85	32.09
	雑品	14.38	12.45	29.55	6.75	12.58
	輸入金額	760,324	456,017	316,142	404,351	996,246

〔注〕「南朝鮮」の貿易とは，現韓国領有地地域の港よりの輸移出入をさす．

は一層重大な欠点になる。このような理由から以下の検討は参考的な分析としかいえない。

第2・15表, 第2・16表は, 第2・13-14表に対応する形で作成されたものである。前表でまず注目されるのは, 輸出面における「朝鮮の米」の激減である。このことは後表でも読みとることが出来, 1967年における穀類輸出は戦前水準の3%にすぎない。この原因はかなり複雑であろうが, 米の輸出減が韓国の大幅な貿易赤字につながっていることだけは確かであろう。ただ第2・14表よりも読みとれるように, 戦前においても現韓国領有地域の貿易も大幅赤字であったことは, 明記されるべきであろう。1960年代中期以降, 繊維等の工業製品の増加がみられることは, 将来の韓国経済の動向をみていくうえで重要な要因といえよう。韓国の貿易赤字があまりにも大であるので, 交易条件の計算をおこ

第2・16表 韓国貿易実質額の戦前・戦後比較(1967年値 1936年=100)

分　　　類	指数	分　　　類	指数
〔輸出〕		〔輸入〕	
穀類, 穀粉, 澱粉及種子	3.0	動物及植物	18.7
飲食物及煙草	133.3	穀類, 穀粉, 澱粉及種子	559.8
皮革,骨角牙殻類,同製品	71.8	飲食物及煙草	18.5
油脂, 薬材, 化学品, 染料	1.6	皮革,骨角牙殻類,同製品	23.5
糸縷, 縄索, 布帛衣類, 同付属品	245.7	油脂, 同製品	371.7
		薬材, 化学製品	623.5
礦物, 鉱, 金属, 同製品	212.4	染料, 塗料, 顔料	1,876.0
雑　　品	193.3	糸縷, 縄索, 同製品	411.9
合　　計	89.6	布帛, 同製品	22.6
		衣類, 同付属品	0.5
		紙, 紙製品, 書籍	167.3
		礦物, 同製品	95.6
		陶磁器, ガラス	84.8
		鉱, 金属	472.9
		金属製品	115.3
		時計,学術器,船車,機械	368.8
		雑　　品	364.9
		合　　計	198.3

なうことにはかなりの問題がある．しかし，形式的に計算をおこなってみると，戦前水準よりかなりの好転がみられる．このような状況が，数回にわたる公定レートの切り下げにもかかわらず実現していることには興味がもたれるが，これらの分析は将来の研究に待ちたいと思う．

§2.5 台湾・朝鮮の「国際収支」

　台湾・朝鮮の貿易統計に関する1つの興味は，その収支勘定がどのように変化してきたかを検討することにあった．既に述べたように，台湾の貿易は領有初期においては赤字の年次が多いが，1920年代中期より黒字に転じ，1930年以降は大幅な黒字を示すようになった．一方，朝鮮の貿易収支は赤字の年次が多く，太平洋戦争開始まで継続した．第2・5-6図の点線は台湾についての貿易黒字(輸移出総額から輸移入総額を減じたもの)および朝鮮についての累積赤字を計算したものである．台湾については1915年には貿易面については債権のほうが債務より大となり，その大きさは年次とともに増大している．一方，朝鮮については，日本統治以来債務が一方的に増大している．もっとも，ここに示された貿易統計は若干の誤差を含む可能性をもっている．大蔵省財務局管理課による『海外日本人の活動に関する調査』(以下「管理課調査」と呼ぶ)によれば[30]，砂糖の価格変動が貿易黒字を大きめに算定せしめる可能性があることを示している．また，1938年以降の貿易統計については若干の誤差を覚悟せねばならないようである．しかし，これらの誤差から上記の推論が大きく変更される可能性は極めて少ない．

　まず考えられるのは金銀の移動であろう．台湾の貿易統計にしめされた金銀移動は概して赤字であり，朝鮮のそれは黒字であることから，上記の特性はやや相殺される傾向にある．しかしながら，第2・5-6図に実線で記入されたように，その大きさは貿易収支の動向をわずかに補正するにとどまっている．そこで次に問題となるのは金銀以外の貿易外収支がどのような形をとっていたかということである．今日のような厳重な為替管理の下においてすら，貿易外収支に関する正確な数字をつかむことはかなりの難題である．まして日本との間に

自由交易のおこなわれた台湾・朝鮮の貿易外収支を的確につかむことは極めて困難であろう．しかし，おどろくべきことに，このような難問への挑戦が戦前においておこなわれていた．すなわち，台湾総督府は「本島収支一覧」の名の下に，一部の時点について今日でいう総合収支の計算をおこなっていたのである[31]．更に，「管理課調査」ではこの推計を他の時点へ延長することを試みている[32]．この推計によれば，長期資本収支，送金等のもたらす収支バランスはおおむね赤字であったが，貿易黒字を大幅に修正するほどには大ではなかったとされている．上述のように，この公式推計自体にはなお検討の余地はあるにしても，大勢としては納得的なものといえよう．ところで，日本統治以来，台湾に残された貿易黒字は太平洋戦争前には島民1人当り280円となり，この値は農業労働者の1年分の賃金にあたる巨額なものである．そしてこの債権は，日本銀行券，国債等によって裏付けられたものにすぎなかったから事実上取立てが不可能であった．日本の台湾統治政策を歴史的に反省する場合，この事実は充分認識される必要があろう[33]．

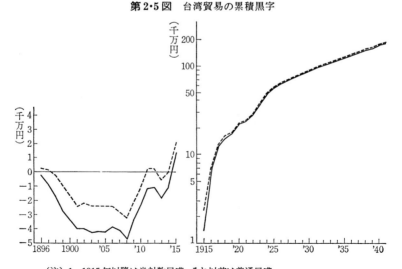

第2・5図　台湾貿易の累積黒字

〔注〕1. 1915年以降は半対数目盛，それ以前は普通目盛．
　　　2. 点線は貿易収支の累積値，実線は金銀収支の累積値を加えたもの．

第2・6図　朝鮮貿易の累積赤字

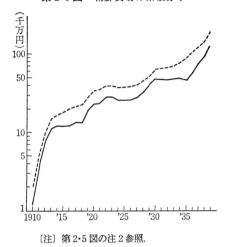

〔注〕第2・5図の注2参照．

　朝鮮の貿易外収支についても，戦前にいくつかの研究が発表されている．しかし，これらの成果は山本有造氏の推計にもりこまれているのでわれわれは山本推計を出発点とすることが出来る[34]．もっとも，山本推計自体，われわれの目的に最適といえるわけではない．というのは，金銀移動以外の貿易外収支の推計は，日本・朝鮮間のもののみに限定されているからである．しかし，第2・6図に示された巨額の貿易赤字がどのような形でうめられたかについて，山本推計はかなりの情報を提供してくれる．すなわち氏はIMF方式に準じて計算をすすめているが，その結果として次のような推論が可能となる．

(1) 貿易収支に金銀貿易を加えた値はかなりの赤字を示している．
(2) サービス収支もまた(1)に匹敵するほどの大幅な赤字を示している．
(3) 資本収支は長期と短期で逆の符号を示し，1920年代では(1)，(2)の赤字の半分をうめる程度の黒字であったが，1930年代ではその大半をカバーするほどになった．
(4) 朝鮮総督府を中心とする移転収入は，1910-20年代の赤字をうめる重要な要素であった．

1930年代の長期資本の増加は，次章の投資活動との関連でやや詳細に論じるこ

とにしたい．ただ，1910-20年代にかけての朝鮮総督府に対するトランスファがかなりの額に達していることは，台湾の場合と比較していちじるしい対照をなしている．この種の議論は，今後山本氏等によって展開されることが予想されるので，本書では問題の指摘にとどめておくことにしたい．

第2·17表 朝鮮の「国際収支」に関する山本推計（百万円）

	1910-20	1921-31	1932-39
貿易及金銀収支	△248.4	△232.1	△832.9
サービス収支	△89.6	△445.8	△706.6
移 転 収 支	211.5	338.8	310.3
長期資本収支	337.7	799.1	1,437.7
短期資本収支	△222.2	△510.0	△208.5

〔注〕△はマイナスを示す．
〔出所〕山本有造「植民地下朝鮮・台湾の域外収支(1) 朝鮮」，
op. cit.(注34)付表2.

＊　　　＊　　　＊

本章で試みられた課題は，貿易物価指数を作成することによって，
(1) 台湾・朝鮮についての交易条件指数を算定すること，
(2) 実質貿易額の変化を分析すること，
を目的としていた．そして，前者の関連としては，交易条件の動きが台・朝間でことなっていることに着目し，日本の米市場における台湾米と朝鮮米の競合関係や，台湾米に関する技術革新がどのような効果をもたらしたかについて，——かなり荒っぽい議論であることを承知のうえで——ある種の仮説を提供した．後者については，今後すすめられるであろう経済発展の研究に対して素材を提供したにとどまっている．強いてメリットをあげるとすれば，近代経済学的ツールを使用して分析をすすめるにあたって便利なような分類基準が導入されていることにあるかもしれない．

元来，貿易面の分析は，マクロ経済学的視点から総合的に分析されることによってはじめて脚光をあびることが出来る性格のものである．このような意味では，断片的なデータ整理がおこなわれているにすぎない戦前期台湾・朝鮮の研究においては，その活動範囲は大幅に制約されざるを得ない．しかし，貿易

第 2 章 貿易構造と交易条件　　　　　　75

統計が利用しやすいマクロ統計であることは確かであるし，この部分から検討をはじめるのは 1 つの有効な経路でもあろう．かくて，本章の「分析」には結論はなく，序論のみがあるといってもさしつかえない．

　戦前期台湾・朝鮮の貿易の分析は，戦後の台湾・韓国の貿易構造と対比される意味でも重要である．しかし，本文でも述べてきたように，この作業には多くの困難が待ちかまえている．本章では，極めて暫定的な結果を示しておいたけれども，信頼をもって使用し得る段階にはほど遠い．戦後の両地域の経済発展が貿易立国的色彩をもっていることから考えても，この種の研究は今後もつづけられなければならない．

1) 本章の内容のうち，戦前期に関する部分は，拙稿「日本統治下における台湾および朝鮮の貿易物価指数の推計」『一橋論叢』第 69 巻第 5 号，1973，「日本統治下における台湾・朝鮮の貿易物価の分析」『一橋論叢』第 69 巻第 6 号，1973，および，"Foreign Trade in Taiwan and Korea under Japanese Rule," *Hitotsubashi Journal of Economics*, Vol. 14, No. 2, 1974 に発表されたものを全面的に書きなおしたものである．同稿の作成にあたっては，一橋大学尾高煌之助・山沢逸平助教授，台湾国立大学張漢裕教授の貴重なコメントを得た．しかしながら，筆者自身貿易面の分析についての経験がとぼしいためになお多くの誤りが本章の記述に含まれている可能性があるが，これらの誤りの責任が筆者一人のみに帰するものであることはいうまでもない．朝鮮の貿易史に関する在来の成果は，車耕権「日帝下에있어서韓国의貿易政策」(金文植・韓昌浩・崔泰鎬・権斗栄・車耕権『日帝의経済侵奪史』民衆書館，1971) に集約されている．
2) 第 2 次大戦中の貿易統計も一応存在するが，当時貿易において重要な地位をしめていたと考えられる軍需物資関係の輸出入がどの程度まで把握されていたかについての情報が充分ではない．この事情は，朝鮮についても同様である．
3) この種の研究はかなりの数にのぼるが，ここでは川野重任『台湾米穀経済論』日本学術振興会，1940，東畑精一・大川一司『朝鮮米穀経済論』日本学術振興会，1935，高橋亀吉『現代台湾経済論』千倉書房，1937 をあげておくにとどめる．
4) 金哲『韓国の人口と経済』岩波書店，1965．
5) 台湾総督府殖産局『台湾商工統計』同局，1941．
6) この種の推計は，大蔵省財務局管理課で作成された『海外日本人の活動に関する調査』同課，1947 でおこなわれている．この推計は主として金融統計によるものであり，計算法にかなりの問題点を含んでいるとはいえ，パイオニア的作業として高く評価されよう．
7) 山本有造「植民地下朝鮮・台湾の域外収支 (1) 朝鮮」『人文学報』第 35 号，1972．
8) 朝鮮民主主義人民共和国の貿易を分析する 1 つの方法は，相手国の貿易統計を利用

することである.この場合,中華人民共和国の貿易統計の詳細な数字が得られないことが障害となろう.このような方法については,筆者が中華人民共和国の貿易についておこなった下記の分析を参照されたい.拙稿「中国の物価体系の吟味」(石川滋編『中国経済発展の統計的研究 III』アジア経済研究所,1962).

9) §2.2の記述は統計資料の解説および指数作成上の技術的解説にあてられている.したがって,結論のみに関心のある読者はこの節をとばして読まれてもさしつかえない.

10) 日本銀行統計局『物価指数年報,1972年版』同局,1972参照.

11) 大蔵省関税局『外国貿易概況』同局,1955参照.なお,近年の同指数では,実効単価を加重平均して物価指数を直接求める方式をとっている.

12) これに類似した方式をとっている貿易物価指数に,わが国の長期経済統計にふくまれている研究がある.大川一司・野田孜・高松信清・山田三郎・熊崎実・塩野谷裕一・南亮進『物価(長期経済統計—8—)』東洋経済新報社,1967参照.

13) 朝鮮貿易協会『朝鮮貿易史』同協会,1943の付録参照.

14) 朝鮮領有初期においては,一部品目の移出入にも関税がかけられたので,外国貿易と性格が類似している.なお,「関東州」および「南洋群島」は貿易統計上「外国」あつかいとなっている.

15) 台湾については,『台湾貿易四十年表』の分類がここで採用した分類と一致している.1936年以降の『台湾貿易年表』の分類も同じ分類をとっているので作業上困難はない.『朝鮮貿易年表』の分類は年次がさかのぼるにつれて分類数が少なくなるので,新たな作業が必要となる.この再分類作業結果は,紙数の制約上示すことは出来ないが,興味ある読者は一橋大学経済研究所統計係『戦前台湾・朝鮮の物価資料(II)』(謄写刷),1974の付録を参照されたい.

16) 朝鮮・台湾の貿易統計をみると雑品のしめるウェイトは無視し得ない大きさを示している.しかし,雑品は異質の品目より構成されているので,一部の品目で価格変動傾向を代表させるのは適当ではない.このことから,雑品に対応する類間ウェイトは,採用系列によって代表し得ると考えられる範囲の品目に対応するウェイトに限定することとした.

17) この意味で興味ある試みとして,京都大学経済研究所でおこなわれた作業がある.これは,戦前貿易統計をIMFベースに換算するものであるが,筆者の知る限りDiscussion Paperとしてのみ発表されている段階にあるので引用はさしひかえる.

18) 台湾については,行政院主計処『中華民国統計提要』,韓国については,経済企画院『韓国統計年鑑』参照.なお,台湾については1957年基準の指数も発表されているが,採用品目数等からみて1961年基準指数よりおとるようである.

19) 通常朝鮮に関する通過貿易は,対大陸への日本の輸出および逆の物資の動きをさす.したがって,この両者が朝鮮の貿易量を増大させる傾向がある.これに加えて,われわれのケースでは朝鮮民主主義人民共和国統治地帯に対する「通過貿易」をも考えなくてはならないから,その比重はかなり大きなものとなることが予想される.

20) 単価系列の大部分は一橋大学経済研究所統計係『戦前台湾・朝鮮の物価資料(I)』(謄写刷),1972に示されている(同資料に示された系列中,数個の系列は若干修正さ

第2章　貿易構造と交易条件

21) 交易条件の各種の定義については，小島清『交易条件』勁草書房，1956 参照．
22) この指数のもつ問題点については，小島清『交易条件』，*op. cit.* 参照．
23) 台湾農民が甘蔗生産よりも米生産を好む傾向は，日本領有下でつらぬかれており，「米糖相剋」と呼ばれてきた．このような傾向については，川野重任『台湾米穀経済論』，*op. cit.*，および，張漢裕「台湾米糖比価之研究」『台湾銀行季刊』第5巻第4期，1954 参照．
24) 従来の議論では 1910 年代の甘蔗増産を，品種改良の成果と総督府の政策によって説明しようとするものが多かった．筆者もこれらの要因の重要性は認めるが，同時に本文のような経済的背景をも考慮する必要があろう．
25) 輸移出入別総額の実質額を求める方式としては，本文の方法のほかにインプリシット・デフレーター方式が考えられる．しかし，以下の論述はいずれの方式によってもほとんど差がない．
26) 戦前の多くの文献では，「朝鮮の米」という用語がしばしば登場する．これは，当時の日本経済における朝鮮米の重要性を示しているという意味で興味ある用語である．
27) 例えば山辺健太郎『日本統治下の朝鮮』岩波書店，1971，韓国貿易協会『韓国貿易史』同協会，1971．
28) 台湾の戦後の貿易構造の変化については，笹本武治・川野重任編『台湾経済総合研究(下)』アジア経済研究所，1968，第 16 章にくわしい．
29) 米の輸出の減少は，主要相手国である日本の需要が低下したほか，台湾の人口増加とも関連がある．後者の要因は，輸入面における穀類——主として小麦粉——の比重増にもあらわれている．
30) 大蔵省財務局管理課『海外日本人の活動に関する調査』(未公開資料)，1947．この調査は海外より引きあげた官公吏が個人的に執筆したものを無記名の形で大蔵省が編集したものである．この調査は公表を予定せぬまま印刷されているので，事実の確認，統計数字の吟味には問題が残されている．また，歴史的評価には今日からみると疑問が残る部分も多い．ただこの調査には，未公刊の統計数字や，資料利用上の注意等で得るところが多い．四半世紀を経過した今日，たとえ限定された形であっても，同資料の公刊が期待される．
31) 台湾総督府殖産局『台湾商工統計』，*op. cit.* の 1941 年版には，1921-39 年についての台湾の島外収支が計算されている．
32) すなわち，同調査では主として金融統計を利用して 1920 年以前，1940 年以降の推計をおこなっているが，かなり大胆な仮定によっている．この部分についての推計作業は山本有造氏によってすすめられているのでその成果を期待したい．
33) このほか，太平洋戦争中の日本軍人の消費等を考慮すれば，台湾の対日債権はかなりの金額に達することが予想される．
34) 山本有造「植民地下朝鮮・台湾の域外収支(1) 朝鮮」，*op. cit.*

第3章　実質資本形成の成長

§3.1　分析の目的と範囲[1]

　第2次大戦前の台湾および朝鮮の経済発展を考える場合，その基礎となった資本形成の動向が注目されよう．この種の分析は，単に戦前の台湾・朝鮮経済の研究に必要なだけでなく，日本の対外投資活動の研究の立場からも興味あるテーマといえる．

　周知のように，資本形成の推計には2つの接近法がある[2]．1つの手法は，投資主体の行動に関する情報を利用するものである．投資主体としては，(1)政府，(2)民間企業，(3)家計・非営利団体の投資があり，1965年改訂以前のわが国の国民所得統計は主としてこのシステムに依存していた．台湾・朝鮮についてもこの方式による若干の研究がおこなわれている．すなわち朝鮮については李潤根氏の研究があるとされているがその原文は入手していない[3]．一方，台湾については江見康一・山本有造氏の研究がある[4]．江見氏の研究では，『台湾総督府統計書』にもとづいて，台湾総督府財政支出の中から設備投資，建設投資を分離しそれぞれの支出項目についての名目金額を計算している．氏の計算によれば，総督府財政による資本形成は年率6％をやや上まわる成長率を示し，この値は日本の対応年の資本形成の成長率より若干低い値となっている．この接近法については，第4章において朝鮮について適用されるとともに，台湾についても地方財政をも含めた形に改算がおこなわれている．ただ，この計算には民間投資をカバー出来ないという大きな欠点が付随している．

　山本氏の研究は，資本形成の「財源」がどのようにして供給されたかを検討したものであり，使用されている統計は主として財政統計であることにはかわりはない．しかし，山本氏の研究では，民間の投資活動も可能な限り分析しようと試みており，台湾および朝鮮への投資は，それ以前に投下された資本よりの収益が再投資されるという形ですすめられたことを指摘している．しかしデ

ータの制約から民間投資全体を分析しようとするには不充分である．

そこで考えられる接近法はコモディティ・フロー法の利用である．コモディティ・フロー法は，生産額・貿易額に関するデータから出発し，「物」の流れを追うことによって投資額を推計しようとするものである．戦前の台湾および朝鮮に関する貿易統計は，第2章で述べられたようにかなり完備されている．一方，投資財に関する生産統計も，当時としてはかなり組織的に整備されており，台湾については篠原三代平氏の業績がある[5]．一方，朝鮮については本章第2節に示されるようにデータを整理し集計することにより，少なくとも設備投資についてはかなり信頼出来る数字を得ることが出来よう．一方，建設投資については，木材消費量に関するデータや建設労務者数に関する情報が充分得られないという理由で，かなりラフな推計にとどまらざるを得ない．ただ，民間住宅投資を除く建設投資は，総督府および地方財政によってまかなわれる部分がかなり大であることが予想されることから，相互チェックをおこなうことによって大きな誤りを回避することが出来よう．しかし民間住宅投資の推計精度を高めるための研究は将来根気よくすすめられなければならない．

ところで国内資本形成は，(1)設備投資，(2)建設投資，(3)在庫投資に分割出来る(国連のSNAによれば，このほか海外に対する債権の純増が入るが，この問題は前章でとりあげられているのでここでは考慮の対象外におく)．この3者のうち，農産物等を中心とする在庫投資の推計は非常に困難であり，未着手のまま将来の研究として残されている．また(1), (2)の分離も厳密な形ではおこなわれていない．というのは，本来(1)に含まれるべき設備取付費も本作業では(2)に算入されているからである．しかし，この事実は各種の分析をすすめていくうえで大きな障害とはなり得ないであろう．

われわれの推計では，減価償却を考慮しない新規投資の概念での計算がおこなわれている．減価償却の計算には，資本ストックに関するある程度のデータが必要であるが，われわれはこの種の情報を得ることは出来ない．しかし，以下示される各年投資の累計額を利用し大胆な仮定の下で計算をおこなえばある程度までの推計は可能であるかもしれないが，当面この方式は採用しないこと

第3章 実質資本形成の成長

にする.

　あらかじめ予想されるように，第2次大戦前の台湾・朝鮮については，コモディティ・フロー法を厳密に適用出来るような充分な情報があるわけではない．投資額の推計には後述のように，生産・貿易統計のほかに，特定の生産物の投資に向けられる割合に関するデータや，卸売業のマージン率，建設労務者の雇用統計，建設業者の営業余剰等に関する情報が必要となってくる．このようなデータを戦前の各年について求めることは事実上不可能であるから，かなり大胆な仮定の下で作業がすすめられることになる．このような理由から，以下示す推計結果の絶対額そのものには組織的なバイアスがあることも予想される．しかし，投資額に関する時系列変化や他の推計系列に対する比率の動向等の分析には使用し得よう．

　実質投資額の推計に使用する物価指数は，設備投資と建設投資別にややことなった方式がとられた．設備投資の場合，その主体が品質差の大きい機械類であることから，日本の国富調査に使用された物価倍率が主としてデフレーターの構成要素として利用されている[6]．一方，建設投資については，主要品目の出荷段階の価格より作成された投入原材料の物価指数と建設労務者の賃金指数を加重平均したものが利用されている．後者については，卸売段階のマージン率の変化が考慮されていないこと等の問題が残されている．

　ここで1つの留保を追加しておこう．日本に関する資本形成の推計をおこなった江見氏の指摘によれば，本論で採用したような方法では，住宅建設への投資額が過小評価される傾向があるようである．江見推計では，住宅建設に関する独立の情報を利用して推計の補正をおこなっているが，われわれの作業ではこの種のデータは見出せなかった[7]．本章の数字を使用するにあたってはこのような過小推計の可能性をも考慮しておく必要がある．

　最後に，戦前・戦後比較の問題にふれておこう．戦前の資本形成の実質額が，戦後の台湾および韓国のそれと比較してどの程度の水準であったかを知ることは興味あることである．このためには，戦前・戦後をつなぐデフレーターの作成が不可欠であり，本章でも若干の試みがおこなわれている．戦前の名目資本

形成額が減価償却を含んでいないだけでなく，新規投資についてもそのカバレッジがかならずしも充分でないと予想されるので戦後値との比較には慎重でなければならないが，この種の作業は台湾についてはある程度まで可能である．朝鮮についての対比は非常に困難である．というのは，われわれの推計を分割して，現在の韓国行政権下の地域に関する投資額を求めることは不可能であるからである．以下の研究では，設備投資を鉱工業生産額の比率で，また建設投資を面積比で分割して一応の比較をおこなっているが，この結果は参考数字の域を出ていない．

§3.2 朝鮮の実質鉱工業生産額の推計

序文でも述べたように，本書の主目的は国民所得の支出面に対応する物価動向の分析を通じて，日本領有以来今日にいたる台湾・朝鮮の経済の実証研究をすすめようとすることにある．このようなことから，生産面に関する研究は必要に応じて登場するにすぎない[8]．ただ，国民所得勘定の支出面で重要な地位をしめる投資の推計にあたっては，鉱工業生産に関する数字が不可欠となった．幸い，台湾の鉱工業生産については，篠原氏の推計があるので[9]，それを若干加工することによってわれわれの目的に利用することが出来た．

一方，朝鮮については李潤根氏の研究がある[10]．氏の推計の方向は以下すすめられる推計作業と基本的には同一である．ただ，後述の「みせかけの生産額の増大」を氏がどのように処理したか等については，論文にみる限り明らかではない．推定期間が1926年以降に限定されていることと，生産額デフレーターが品目別，類別に発表されていないこともわれわれの作業目的からすれば利用上の制約がある．このような理由から，氏の業績を先駆的研究として高く評価しながらも，ここでは別途推計をおこなうことにした．

作業にあたっては，比較可能性も考慮して台湾についての篠原推計の方式に準じて計算がすすめられた．篠原推計の重要な特色は，年次の経過とともに統計のカバレッジが増大することによって生じる「みせかけの生産額の増大」を出来得る限り排除することをねらっている点にある．一般に，歴史統計におい

ては制度の充実とともに調査範囲が拡大する傾向がある．この事実は，朝鮮の生産統計にも見出すことが出来，年の経過とともに新しい品目の生産額が計上されてくるようになる．これらの品目の一部は，あらたに生産が開始されたものと考えられるが，多くの場合は統計調査の充実によるものと判断される．しかも，これらの生産額が問題の時点以前において「其他の製品」等の生産額に含まれていたという保証はないのである．

この問題を解決するために，篠原氏の作業では分析期間の途中の年次から登場してくる品目については，他の情報を利用して欠落部分をうめる試みがおこなわれている．以下述べるように，著者がとった方法は厳密には篠原推計とは同一ではないが，基本的な考え方には相違がない．

鉱工業生産額の推計は，篠原推計と同様に日本産業旧分類の基準にしたがってすすめられ，専売品目も加算されている．また，戦前・戦後比較を容易にするために鉱工業生産額を全朝鮮および朝鮮南部(現韓国領有地域)別に計算することにした．また，参考までに，戦前の朝鮮南部と韓国の鉱工業生産額の暫定的比較もおこなわれている．

〔Ⅰ〕推計方法とデータ(戦前)[11]

使用されるデータは，主として朝鮮総督府『朝鮮総督府統計年報』に示された「工産品」，「鉱産品」に計上されている品目別の生産金額および生産数量である．この種のデータは1908-40年について得られるが，その公表形式は一様ではない．まず「工産品」についてみると，第2次大戦前に発表されている品目の種類およびその分類のくわしさからみて，次の6つの期間に分割出来る．すなわち，(イ) 1912年以前，(ロ) 1913-18年，(ハ) 1919-27年，(ニ) 1928-29年，(ホ) 1930-39年，(ヘ) 1940年がそれにあたる．当然予想されるように，1940年の数字はカバレッジの大きさにおいても，品目分類の詳細さからいっても最もすぐれている．ただ，第2次世界大戦の影響もあって，わずか1年の統計が公表されたにとどまっている．このようなことから，本論では(ホ)の期間で採用されている品目の範囲を推計の基準として採用し，1940年の値は(ホ)に対応する部分のみを利用することにした．

㈹の期間の統計表は，ほぼ日本産業旧分類に準拠して発表されているから，一部を手なおしすることによって「旧分類」に組みかえることが可能になる．そこで，篠原氏による台湾推計との比較を容易ならしめることも考慮して，大分類については『工業統計50年史[12]』によることとし，例外として専売品である煙草，酒類，塩は食品工業に，阿片，人参製品は化学工業に含めることにした．㈹に属する期間についても，公表されている品目別のカバレッジは等しくない．例えば，特定商品の生産額が1年度だけ欠落しているというケースは決してめずらしくない．このような場合には，その両側のデータを利用して補間をおこなうという方法がとられた．このほか，類似商品の生産量と比例関係を用いて2, 3年の補外をおこなったケースも存在する[13]．このような作業がおこなわれた場合，「其他糸類」等のとりあつかいが微妙な影響を受けることになる．というのは，これら項目のカバレッジが各年間において同一であるのかが不明であるばかりでなく，補間，補外によって追加された生産額を含んでいるのかどうかも明らかでないからである．そこで，中分類別に品目指定が明確におこなわれている支出金額について金額指数(1934-36年平均=100)を1930-40年について作成し，それを1934-36年における中分類別支出金額(「其他糸類」等も含む)に乗じることによって金額系列の推計をおこなった．

次に工業生産の実質金額を得るためには，デフレーターを作成せねばならない．実質金額の定義からみて，物価指数はパーシェ式によるのが望ましい．ただ，中分類内でのウェイトの変化は比較的少ないことから，固定ウェイトを採用しても大きな誤差は生じないであろう．ここでは，便宜上1930-32年平均の全鮮に対する金額構成をウェイトとする中分類物価指数を作り，それにさきに作成した各年の生産金額をウェイトとする調和平均をほどこすことによって，産業別および全鉱工業に対応する物価指数を作成することにした．このとき利用される価格系列の主体は生産金額を生産数量で割ることによって求められる「実効単価」であるが，実効単価が得られにくい若干の品目については朝鮮または日本の卸売物価等で補充がおこなわれている．

以上の操作で，かなりの程度まで時系列的な不連続性をうめることが出来た

が，もちろんそれで充分なわけではない．数ある残された問題の中で，最も重要なものは，従業員4人以下の事業所の「自家消費」に関するとりあつかいが年次間でことなっているということであろう．しかしこれらについて調整をおこなうことは事実上不可能であるので，そのままの数字が示されている．

次に，朝鮮の南北両地方への鉱工業生産額の分割についてふれておく必要がある．幸いにして「工産品」，「鉱産品」とも道別の統計が得られているので，これを現在の大韓民国，朝鮮民主主義人民共和国の領有地を参照しながら以下の分割をおこなった．

　　朝鮮南部――京畿道，忠清北道，中清南道，全羅北道，全羅南道，慶尚北道，慶尚南道における全生産額と江原道の生産額の 1/3．

　　朝鮮北部――黄海南道，黄海北道，平安南道，平安北道，咸鏡南道，咸鏡北道の全生産額と江原道の生産額の 2/3．

この分割にはかなりの近似が含まれているがそれより生じる誤差は決定的なものではないであろう．

工産品に関する㈠の期間のデータは，㈥に比較してややカバレッジが低いが，若干の補外をおこなうことによってほぼ㈥に対応する系列を得ることが出来る．このような修正系列について，㈥と同様の作業をおこなうことによって，㈠，㈥，㈧の連結は一応可能となる．ただ前述のプロセスより明らかなように，1940年のデータより得られる生産額のうち 1934-36 年の統計に含まれていないものは除かれることになる．この結果，1940年について得られる情報のうち約 10% はわれわれの推計には含まれていない．逆にいえば，1940年の統計でカバーされた生産量にあわせるためには，われわれの推計値を 12% 前後だけ一律に増大させる必要があることになる．後述のように，われわれの推計のうち，㈡，㈧の期間に対応する数字の精度はかなりおちると考えられることから，朝鮮に関する信頼出来る工業生産の系列は 1928-40 年の 13 年間に限定されることになる．

㈧の期間のデータの処理にはかなり困難がある．この期間の工産品の生産額は「まゆ製品」に例示されるような品目グループ単位で発表されており，その

第3・1表　朝鮮工業生産額推定のための基本品目表

大分類	中分類	品目
繊維	製　　　糸	生糸，玉糸，野蚕糸，生皮苧
	紡　　　維	綿糸，亜麻糸
	撚　　　糸	綿撚糸
	広幅綿織物	金巾，粗布，小倉
	小幅綿織物	白木綿，縞木綿，絣木綿，織色木綿，擬似麻布
	特殊綿織物	タオル，敷布
	大幅絹織物	二重生，絹ひも
	其他絹織物	小幅二重生，平絹，生織，生絹
	絹，綿交織物	絹綿交織物
	麻　織　物	麻布
	人　絹　織　物	人絹交織物
	ら　く　だ	靴下，シャツ，ズボン下，手袋
化学	医　薬　品	医薬品
	工　業　薬　品	硫酸，苛性ソーダ，ヨード，ナフタリン，アルコール，グリセリン，メタノール
	香料，染料	漆，顔料
	石鹸，化粧品	洗たく石鹸，化粧石鹸
	鉱　物　油	コールタール，重油，ベンゾール，ピッチ
	植　物　性　油	ごま油，なたね油，棉実油，大豆油，ひまし油，荏油，麻実油，薄荷油
	動　物　性　油	鰮油，鯨油，獣油
	加　工　油	ろうそく，硬化油
	ゴ　　　ム	靴
	紙，パルプ	パルプ，包装紙，朝鮮紙
	天　然　肥　料	大豆かす，魚粉
	化　学　肥　料	硫安
	精　製　毛　皮	兎
	糊　　料	にかわ
	石　炭　製　品	コークス，練炭
	人　参，阿　片	阿片，紅参，内用人参，浴用人参
食品	酒　　　類	清酒，味醂，焼酎，朝鮮酒，薬酒
	調　味　料	醬油，味噌，食酢，ソース
	清　涼　飲　料　水	清涼飲料水
	製　　　粉	小麦粉，澱粉
	砂　　　糖	砂糖
	罐　　　詰	肉罐詰，魚罐詰，貝罐詰
	水　産　品	食塩，のり
	製　　　茶	煎茶
	製　　　氷	氷
	め　ん　類	干めん
	粕	清酒粕，醬油粕
	煙　　　草	紙巻煙草

大分類	中分類	品目
木工業	建具, 家具 板 下駄, 雑貨	建具, 家具 箱 下駄
窯業	陶磁器 ガラス器 レンガ, 瓦 セメント ほうろう鉄器	陶器, 陶管 ガラス器 普通レンガ, 耐火レンガ, 屋根瓦 セメント, セメン瓦, スレート, セメント管, 石灰 ほうろう鉄器
金属	精錬 金属製品	鋼, 亜鉛 釘, ブリキ
機械	ボイラー 原動機 電気機械 農業用機械 鉱業機械 紡織機械 加工用機械 土木機械 車両 船舶	同左
器具	度量衡器 精密機械 電気器具 軽車両	度器, 量器, 衡器 眼鏡 電球 自転車, 荷車
其他	紙製品 竹製品 わら製品 い草製品 革製品 帽子 漁網 雑貨 印刷物	扇子, うちわ, ちょうちん 竹製品 叺 畳表, 莚 靴 ラシャ帽 漁網 ボタン, ブラシ, マッチ, 医療用品, 傘, はきもの 印刷物
電気, ガス	電気 ガス	電気 ガス

グループの大きさは第3・1表の中分類またはそれを若干まとめたものにほぼ対応している(率直にいうと, 同表の中分類作成にあたっては, (ハ)の期間の品目グループが参照された). このような状況の下では(ハ)の期間中にカバレッジに変化があったかどうかは不明である. このような理由から 1919-27 年については公表された中分類別金額指数はそのまま利用せざるを得ない[14]. これに加えて, この期間より以前の統計で「従業員4人以下」の事業所の生産を含んでいるかが明らかでないという概念上の問題も残されている.

次に, この期間についての生産に関する情報は金額について得られるにすぎないから, 実効単価を計算して物価指数を計算するという手順をふむことは出来ない. そこでやむを得ず各品目グループから代表品目を選択し, その卸売価格指数を(ニ)の実効単価指数にリンクすることにした. 卸売物価指数のデータは, 『朝鮮総督府統計年報』の京城市(現ソウル市)の値を原則としたが, 一部商品については近似値として東京の値も利用している. 中分類から大分類, 大分類から総合指数への積み上げは(ニ)の期間と同じ方式がとられた.

(ロ)の期間についての統計の発表形式は, (ニ), (ホ)の期間と同じである. ただ公表されている品目数はいちじるしく少なく, 充分な推定がおこない得るかどうかについては疑問が残る. このような状況にもかかわらず, (ロ)の期間について

第3・2表 朝鮮鉱工業生産デフレーター作成に利用された価格系列数

期　　間	1914-19	1919-23	1923-40
食 料 品 工 業	21	18	24
紡 織 工 業	16	5	31
製材及木製品工業	4	1	3
化 学 工 業	18	19	44
窯業及土石工業	7	1	12
金 属 工 業	11	7	9
機 械 工 業	3	4	4
其 他 の 工 業	31	15	16
鉱 業	9	17	21
電 気, ガ ス	0	0	2

〔注〕指数のリンクのため, 期間は1年ずつ重複している.

第3章 実質資本形成の成長

は，㈡，㈤と同じ方式の計算がおこなわれているので，その利用にあたっては充分な留保が必要である．㈩，㈥の両期間については，それぞれ1918年, 1927年基準の金額指数を中分類別に作成し，それを㈡，㈤の期間の値にリンクした．一方，この期間の物価指数は，㈡以降の期間と同様に実効単価を利用して作成されている．すなわち，各単価指数を1915年基準に換算した後，同年ウェイトで中分類指数を求めた．中分類以降の計算は他の期間と同様であり，このようにして求められた分類別指数を，1918年値にリンクした．

工業生産との関連で1つ問題点を指摘しておく．われわれの推計には，電気・ガスおよび出版・印刷業が含まれていない．これはこの産業に対するデータが充分でなく，かつ適当なデフレーターも得られないという理由にもとづいている．参考までに1934-36年平均においては，われわれの推計に対するこれら2産業の生産金額は4%程度であるから，その大まかな修正は可能であろう．㈦の期間については，データ量がいちじるしく少なくなるのでわれわれの分析の対象とはなっていない．

「鉱産物」に関する統計は(1)鉱礦物，(2)精錬にわかれている．この統計は1937年以降公表されていないという大きな制約を除けば上記㈩-㈡の全期間についてかなり詳細な情報を提供してくれる．したがって，工業推定で㈡の期間に使用されたと同様の手法が全期間にわたって鉱業生産の推定に適用された．1938-40年の数字のうち，(2)は「工産品」に含まれる情報を利用して補外した．(1)についての情報はこの期間についてはまったく得ることが出来なかったので，やむをえず鉱礦物の生産は「精錬」を含む「工産品」の生産に比例するという極めて大胆な仮定で計算した．この方法が改良の余地を残していることはいうまでもない．第3・3表には第3・1表に対応する中分類表が示されている．

〔II〕 推定結果(戦前)

上記のように，朝鮮の鉱工業生産額の推計には，なお改良されるべき多くの問題点を残している．しかし，現在得られている結果を要約すると第3・4表のようになる．同表では，生産金額，実質生産額とも1934-36年平均を基準とした指数で示されている．ここで結果が指数形式で示されているのは単に比較を

第3・3表 朝鮮鉱業生産額推定のための基本品目表

大分類	中分類	品目
鉱礦物	貴金属	金銀鉱, 汰鉱, 銅鉱
	鉄鉱	鉄鉱
	非鉄金属鉱	タングステン鉱, 水鉛鉱, 亜鉛鉱
	礦物	黒鉛, 石炭, 雲母, 高嶺土, 硅砂, 蠟石, 螢石, 明礬石, 重晶石
精錬	非鉄金属	金, 砂金, 銅, 鉛
	鉄	銑鉄

第3・4表 戦前朝鮮鉱工業生産指数(1934-36年平均=100)

	金額指数				生産指数				物価指数	
	鉱工業		工業		鉱工業		工業		鉱工業	工業
	全鮮	鮮南	全鮮	鮮南	全鮮	鮮南	全鮮	鮮南	全鮮	全鮮
1914	8.5	9.6	8.7	9.8	15.0	22.3	15.5	22.6	58.0	56.1
15	13.0	16.1	13.3	16.4	28.0	37.0	27.8	37.6	46.4	48.2
16	15.1	18.1	14.7	18.4	30.5	37.0	30.8	37.6	49.5	48.1
17	20.5	25.2	20.5	25.5	30.8	37.9	31.9	38.4	66.4	64.3
18	29.2	35.9	29.4	36.4	37.6	38.9	28.7	39.4	77.6	76.0
19	34.9	43.7	35.7	43.8	33.5	35.7	34.6	36.3	104.3	104.3
20	40.2	50.1	41.8	51.0	31.5	35.4	32.3	38.1	127.6	129.8
21	39.4	50.6	40.8	51.5	31.3	38.6	32.2	39.2	126.0	126.6
22	44.9	58.1	46.8	59.2	35.0	44.3	36.4	45.1	128.3	128.7
23	45.4	56.2	47.0	57.2	35.9	43.3	37.2	44.0	126.4	126.5
24	47.9	58.0	49.7	59.0	38.2	44.8	37.1	45.5	125.4	126.2
25	51.5	62.7	53.3	63.5	41.4	47.8	42.8	48.5	124.2	124.4
26	61.5	76.3	63.8	77.4	51.0	61.0	52.9	61.9	120.6	120.7
27	57.5	68.4	59.5	69.5	50.3	57.6	52.0	58.4	114.3	114.6
28	57.1	67.9	58.9	69.1	49.0	56.3	50.3	57.1	116.5	117.2
29	59.1	70.3	61.0	71.6	50.6	57.9	52.0	58.8	116.7	117.3
30	50.3	58.6	51.9	59.5	49.2	56.3	50.7	57.0	102.3	102.7
31	46.6	54.1	48.1	54.9	52.0	60.3	53.6	61.2	89.7	89.8
32	55.9	60.8	57.6	61.6	56.8	64.0	58.0	64.5	98.4	99.2
33	65.6	70.7	67.2	71.3	72.4	79.2	74.1	79.8	90.6	90.7
34	78.0	82.7	79.3	83.2	78.7	82.3	79.7	82.7	99.3	99.5
35	102.1	100.6	101.9	100.7	102.9	101.9	102.5	101.8	99.3	99.2
36	119.9	116.7	118.8	116.1	118.4	115.8	117.8	115.5	101.4	100.7
37	—	—	152.3	152.0	—	—	145.0	125.6	—	105.0
38	—	—	177.4	179.2	—	—	122.2	139.9	—	145.1
39	—	—	221.3	205.7	—	—	131.9	134.5	—	167.8
40	—	—	275.1	262.4	—	—	165.4	167.8	—	166.3

第3章 実質資本形成の成長

容易にするという意味以上の理由にもとづいている．さきにも述べたように，この推計は『朝鮮総督府統計年報』の特定年のカバレッジに依存し，年度によってはかなり大幅な「ふくらまし」がおこなわれている．この種の作業は，鉱工業生産の推計というよりも，一定の基準の下ですすめられる指数作成に近いものである．しかし，このような制約をも認識したうえでなおこの指数を金額換算するには，次の値を名目金額指数，実質金額指数の100分の1に乗じればよい．

全　朝　鮮：工業 597,009 千円，鉱業 39,019 千円

朝鮮南部：工業 319,166 千円，鉱業　7,164 千円

ところで，ここで示された推計の性格について若干の留保を示しておこう．われわれの推計を評価する場合，日本および台湾に関する作業と対比してみることが考えられる．このうち，日本の推計はわれわれの作業と比較して格段に多くの情報を使用しており，データ吟味の面でも数段高いレベルにあることを認めざるを得ない．当面目標となるのは，朝鮮よりも資料の状況がやや良好であるとされている台湾の推計との対比であろう．篠原氏による台湾の鉱工業生産推計の特色としては，

(イ)『台湾商工統計』に示された鉱工業生産額を 40-50% 程度上まわっていること，

(ロ) 2者の比率は時点をさかのぼるほど小となっていること，換言すれば名目

第3・5表　われわれの名目生産額の推計結果と「公式数字」，李推計との比較
(全朝鮮：千円)

(A) 公表数字との比較					(B) 李推計との比較			
	A 本推計	B 公表値	A/B			A 李推計	B 本推計	A/B
1915	79,812	54,925	1.453		1926	299,968	390,847	0.767
20	250,014	204,385	1.223		29	327,007	376,167	0.869
25	318,135	269,364	1.181		32	344,653	355,479	0.970
30	309,557	280,964	1.102		35	650,126	649,064	1.002
35	608,405	607,477	1.002					
40	1,642,334	1,873,633	0.877					

第3·6表　朝鮮鉱工業名目生産金額の構成比

	(i)食料品工業	(ii)紡織工業	(iii)製材及木製品工業	(iv)化学工業	(v)窯業及土石工業	(vi)金属工業	(vii)機械工業	(viii)其他の工業	(x)鉱業(別掲)
全朝鮮 1914	0.28557	0.14828	0.01450	0.11689	0.03510	0.19046	0.02517	0.18403	0.04191
15	0.40344	0.11290	0.00972	0.11589	0.02403	0.14134	0.01654	0.16257	0.04122
16	0.34973	0.14357	0.01663	0.13425	0.01882	0.14128	0.01826	0.18346	0.07192
17	0.34315	0.16955	0.01408	0.14791	0.01986	0.11951	0.03085	0.15510	0.06704
18	0.35916	0.18357	0.01541	0.11097	0.02431	0.09854	0.04727	0.16076	0.03910
19	0.37394	0.17112	0.02780	0.11433	0.03433	0.07585	0.03596	0.16667	0.04076
20	0.38021	0.16024	0.03785	0.11542	0.04110	0.05996	0.03623	0.16899	0.03592
21	0.38362	0.16631	0.04222	0.11252	0.04225	0.05172	0.04163	0.15973	0.02993
22	0.39140	0.14459	0.03620	0.15383	0.05223	0.04905	0.04379	0.12890	0.02176
23	0.40478	0.16240	0.04491	0.12857	0.03593	0.05839	0.03787	0.12715	0.03048
24	0.44438	0.14769	0.03941	0.12861	0.03280	0.05775	0.03423	0.11512	0.02765
25	0.41580	0.14821	0.04254	0.15604	0.03345	0.06012	0.03395	0.10989	0.03060
26	0.42248	0.13098	0.03704	0.16865	0.02933	0.07088	0.02849	0.11216	0.02585
27	0.42484	0.13741	0.03970	0.17210	0.02905	0.06758	0.03178	0.09753	0.02880
28	0.45318	0.16606	0.01267	0.14293	0.03385	0.06591	0.02579	0.09961	0.03310
29	0.45932	0.16438	0.01392	0.14193	0.03708	0.06096	0.03018	0.09222	0.03372
30	0.46249	0.16050	0.01663	0.15267	0.03368	0.06206	0.02028	0.09170	0.03439
31	0.48259	0.13723	0.01782	0.17332	0.03120	0.06912	0.01359	0.07513	0.03157
32	0.42808	0.17382	0.01458	0.17615	0.02891	0.08872	0.02582	0.06392	0.03419
33	0.40439	0.16633	0.01570	0.19717	0.02750	0.10980	0.01875	0.06035	0.04021
34	0.36468	0.16643	0.01531	0.21621	0.02755	0.13052	0.07035	0.05894	0.04797
35	0.34720	0.15468	0.01425	0.25439	0.02878	0.12466	0.01960	0.05644	0.06683
36	0.33034	0.16862	0.00841	0.25577	0.03161	0.13127	0.02021	0.05378	0.07570
37	0.29631	0.16493	0.01207	0.27432	0.02761	0.15876	0.01746	0.48503	—
38	0.29368	0.18949	0.01384	0.26213	0.03376	0.12567	0.01850	0.06293	—
39	0.27586	0.16556	0.01588	0.31021	0.03283	0.10944	0.03609	0.05413	—
40	0.25043	0.18572	0.01904	0.33745	0.03744	0.08014	0.03968	0.05009	—
朝鮮南部 1914	0.30452	0.18279	0.01681	0.19561	0.03510	0.05331	0.02866	0.18320	0.00567
15	0.44290	0.10329	0.00879	0.18102	0.02403	0.04895	0.01616	0.15848	0.00457
16	0.37319	0.14039	0.01011	0.19847	0.01923	0.06369	0.01632	0.17861	0.00582
17	0.36925	0.17942	0.01308	0.21372	0.01873	0.02920	0.03239	0.14422	0.01318
18	0.39860	0.18677	0.01665	0.14993	0.02483	0.01692	0.05571	0.15059	0.01048

19	0.41099	0.19297	0.01968	0.13679	0.02778	0.00577	0.04542	0.16059	0.00564
20	0.42211	0.16774	0.03060	0.12819	0.03005	0.00649	0.04619	0.16862	0.00471
21	0.42357	0.17462	0.03044	0.12536	0.03476	0.00545	0.05221	0.15359	0.00511
22	0.40301	0.15183	0.03060	0.17503	0.05657	0.00418	0.05413	0.12465	0.00331
23	0.43646	0.18137	0.04296	0.13212	0.02841	0.00576	0.04776	0.12514	0.00442
24	0.45527	0.16028	0.04229	0.14584	0.02756	0.00539	0.04450	0.11888	0.00460
25	0.45108	0.16347	0.04353	0.16014	0.02510	0.00445	0.04163	0.11059	0.00882
26	0.47330	0.14790	0.03548	0.18464	0.01883	0.00658	0.03524	0.09804	0.00753
27	0.48903	0.16053	0.04016	0.13637	0.02104	0.00738	0.04370	0.10178	0.00550
28	0.49996	0.18925	0.01426	0.11281	0.02668	0.02750	0.03761	0.09692	0.00590
29	0.49749	0.18867	0.01647	0.10455	0.02561	0.02440	0.04317	0.09965	0.00576
30	0.52359	0.19624	0.02038	0.09231	0.01566	0.02290	0.02762	0.10128	0.00626
31	0.54993	0.17664	0.02296	0.09293	0.01433	0.02931	0.01589	0.09801	0.00673
32	0.49575	0.23076	0.01894	0.08391	0.01727	0.04263	0.03499	0.07575	0.00953
33	0.49511	0.21986	0.01980	0.08812	0.01740	0.05632	0.02375	0.07965	0.01327
34	0.47020	0.22397	0.01865	0.09447	0.02169	0.06558	0.02490	0.08054	0.01584
35	0.46357	0.22951	0.01935	0.10004	0.01855	0.06321	0.02649	0.07927	0.02204
36	0.43942	0.25141	0.01133	0.09959	0.02319	0.06783	0.02761	0.07961	0.02754
37	0.38906	0.25340	0.01500	0.09906	0.01962	0.13822	0.02207	0.06356	—
38	0.37268	0.28998	0.01666	0.08030	0.01535	0.13226	0.01945	0.07343	—
39	0.37731	0.25593	0.02081	0.09713	0.01798	0.10625	0.04893	0.07567	—
40	0.33904	0.28213	0.02193	0.13205	0.01929	0.08265	0.05366	0.06925	—

第3·7表 朝鮮鉱工業産業別生産指数

	(i)食料品工業	(ii)紡織工業	(iii)製材及木製品工業	(iv)化学工業	(v)窯業及土石工業	(vi)金属工業	(vii)機械工業	(viii)其他の工業	(ix)工業計	(x)鉱業	(xi)鉱工業
全朝鮮 1914	11.601	15.329	15.348	11.104	8.160	23.523	32.896	68.646	15.614	6.841	15.083
15	33.938	17.130	21.452	15.270	9.216	26.810	33.403	106.448	29.681	10.107	28.496
16	31.491	22.858	23.807	18.920	16.248	30.944	36.867	123.587	31.802	15.246	30.800
17	31.471	23.596	29.315	12.888	18.631	34.641	44.204	136.408	31.769	16.757	30.861
18	35.445	21.455	37.327	13.211	21.356	87.850	70.012	114.325	39.153	14.384	37.654
19	33.970	18.103	59.145	15.164	26.863	59.004	28.160	108.798	34.149	21.620	33.391
20	32.495	14.751	77.145	17.118	32.370	46.963	34.474	103.272	32.223	26.937	31.903
21	34.750	19.043	64.667	17.598	47.277	29.508	49.755	102.473	32.138	17.715	31.265

	(i) 食料品工業	(ii) 紡織工業	(iii) 製材及木製品工業	(iv) 化学工業	(v) 窯業及土石工業	(vi) 金属工業	(vii) 機械工業	(viii) 其他の工業	(ix) 工業計	(x) 鉱業	(xi) 鉱工業
全朝鮮 1922	39.142	18.927	74.885	27.607	63.476	31.363	70.337	84.446	36.323	13.973	34.971
23	40.022	28.620	93.589	22.850	39.507	35.895	62.617	85.941	37.098	17.720	35.925
24	46.323	25.226	95.065	24.505	42.255	38.180	54.890	85.310	39.317	20.675	38.189
25	45.084	26.972	110.480	30.098	50.532	43.616	67.694	100.541	42.783	21.139	41.473
26	55.471	31.441	125.422	40.102	54.369	54.681	70.303	127.101	52.797	21.565	50.907
27	54.100	35.646	129.820	39.287	60.102	49.957	82.468	113.090	51.899	24.826	50.260
28	17.881	43.219	43.810	32.415	68.277	42.693	66.714	103.846	50.194	28.149	48.860
29	62.628	46.160	62.677	29.121	79.545	45.008	79.169	90.714	51.896	31.615	50.668
30	68.974	49.663	68.713	29.945	62.511	47.741	51.575	84.479	50.429	29.808	49.181
31	68.000	49.684	77.294	29.301	55.238	57.187	35.995	72.142	53.489	27.344	51.906
32	65.819	69.746	94.090	31.793	49.071	60.418	80.316	73.019	57.952	38.472	56.773
33	87.821	66.877	147.848	59.489	63.227	69.758	64.445	75.405	73.996	47.676	72.403
34	82.272	79.441	114.919	72.543	70.478	83.506	75.845	84.236	79.628	62.063	78.565
35	108.375	88.584	110.832	103.942	108.439	100.080	103.764	102.333	102.567	109.077	102.961
36	109.353	131.975	74.249	123.514	121.083	116.414	120.391	113.431	117.805	128.861	118.474
37	107.234	116.549	105.053	227.538	137.311	153.573	105.185	110.057	114.996	—	136.221
38	126.675	83.673	112.429	124.798	195.127	121.923	113.702	161.053	122.026	—	114.641
39	137.850	112.005	123.730	454.251	206.220	145.305	266.589	109.869	214.483	—	201.502
40	150.958	151.991	140.810	185.989	223.304	132.066	346.224	186.653	165.184	—	155.187
朝鮮南部 1914	11.440	12.870	13.094	56.280	15.181	21.078	29.854	67.316	22.767	7.587	22.441
15	36.289	14.382	15.971	79.718	15.047	33.370	29.948	81.593	38.649	5.697	37.942
16	32.690	19.193	20.066	92.097	32.733	50.064	31.430	55.111	38.040	5.342	37.339
17	33.500	19.812	25.550	61.658	31.598	30.708	40.013	104.152	38.383	16.580	37.915
18	37.867	18.014	37.331	58.482	38.743	24.627	75.617	89.471	39.351	17.063	38.872
19	36.653	15.500	35.574	60.772	40.452	10.107	33.111	88.441	36.270	10.726	35.721
20	35.440	12.986	58.131	63.061	42.161	12.282	40.578	87.411	35.997	9.831	35.435
21	38.577	17.159	45.075	65.472	71.859	10.174	59.614	84.447	39.207	9.817	38.576
22	40.914	17.073	61.259	107.526	88.204	8.161	83.119	70.056	45.125	8.325	44.335
23	42.535	26.136	83.449	79.229	55.669	10.742	72.619	69.863	44.000	12.843	43.331
24	45.724	21.919	92.758	88.425	61.694	11.133	64.071	71.121	45.510	14.577	44.846
25	46.580	23.677	103.187	96.429	63.653	10.995	74.712	82.281	48.467	16.608	47.783
26	59.639	29.111	111.684	144.445	62.033	16.928	79.709	93.928	61.925	17.645	60.975
27	57.791	32.765	117.478	98.930	74.437	17.472	99.522	94.392	58.484	17.475	57.604

28	59.000	39.362	44.264	80.549	92.350	29.692	74.136	80.999	57.087	21.226	56.317
29	63.319	42.863	66.145	68.174	88.195	27.274	100.462	71.778	58.758	20.785	57.943
30	59.889	50.508	51.869	63.227	46.875	31.128	61.037	68.523	57.041	21.382	56.276
31	67.813	50.330	86.655	61.924	48.760	42.571	36.145	76.707	61.165	22.263	60.330
32	61.829	68.478	99.343	64.681	50.101	53.518	87.658	66.043	64.534	38.274	63.970
33	88.815	64.762	152.646	76.476	61.620	78.197	64.682	73.794	79.777	51.658	79.173
34	84.178	75.534	111.530	90.461	78.988	83.081	73.936	84.655	82.743	63.705	82.334
35	108.574	88.113	113.963	105.845	97.815	98.183	104.837	99.962	101.801	106.185	101.895
36	107.248	136.353	74.508	103.694	123.197	118.736	121.228	115.383	115.456	130.110	115.771
37	107.955	131.710	99.247	129.166	143.526	260.906	102.450	101.306	125.649	—	122.952
38	170.565	78.448	105.021	101.200	116.140	253.394	91.667	133.720	139.915	—	136.911
39	132.712	110.128	114.349	122.670	120.707	256.365	254.084	100.202	134.487	—	131.602
40	149.610	152.621	120.124	196.692	130.783	253.966	336.274	175.203	167.779	—	164.177

生産額の成長率が『台湾商工統計』より算出されたものよりも小となること, があげられる. 同様の傾向は, われわれの場合にも見出すことが出来る. 第3・5表(A)は『朝鮮総督府統計年報』に示された生産額の合計値と本推計の工業生産金額指数に1934-36年平均値を乗じた結果を対比したものである. 同表によれば, 1930年代における2者の差は篠原氏による台湾推計の場合ほどには大ではない. その大きな理由は, 氏の利用した『台湾商工統計』に専売品が含まれていないのに対して, 『朝鮮総督府統計年報』の「工産品」の中には専売品の一部を含んでいるという事情がある. 一方, 台湾推計にみられた特色(ロ)はわれわれの推計についても見出すことが出来る. すなわち, 新推計の「公式推計」に対する比率B/Aは, 台湾においては1910年代の1.9から1930年代の1.4に減少しているのに対して, われわれの場合には1.0から1.4に増大している. 1940年の比率が1.0より小である理由については〔I〕を参照されたい. 同様の傾向は, われわれの推計と李推計の間に見出すことが出来る. 第3・5表(B)によれば, われわれの数字と李推計は, 1930年代においてはおどろくほどの類似性を示している. しかし, 時点がさかのぼるにつれて, われわれの数字は李推計を上まわるようになる. この原因は(A)表と同様に説明出来よう. なお第3・4表に示された「生産指数」は, 生産金額を

インプリシット・デフレーターを用いて実質化したものを指数化したものであるから、通常の生産指数(生産額ウェイト)とは若干ことなる．また同表では紙数の節約のために、デフレーターについては全朝鮮に対する数字のみが示されている．

次に、第3・4表の数字を産業別に分解してみよう．第3・6表では、名目生産金額を産業別構成比の形で示している．ただ今回の作業では、鉱業、電気・ガス、印刷・製本業の数字が一部の期間についてしか得られなかったので、これらの数字のうち鉱業については「別掲」としてとりあつかい、産業別構成比はこれらを除く鉱工業生産金額に対する比率の形で示すことにした．第3・7表には産業別の実質生産額の変化が指数化されて示されている．

この種の生産指数の利用法としては種々なものが考えられよう．本書においても、この推計結果は他の指標の分析のために使用されている．また、鉱工業生産そのものに興味ある分析も考えられる．例えば、雇用賃金データと結びつけて生産性の分析をおこなう等がこれにあたる．しかし、本書における位置付けを考慮してここでは深い分析には立ち入らない．ただ1つの参考として、地域別・産業別の鉱工業の成長率を示しておくことは有意義であろう．第3・8表は、第3・7表の数字の自然対数値に、年次数を回帰させることによって求めた成長率であるる．この表では参考として、台湾の成長率が付記されている．同表によれば、朝鮮の鉱工業生産の成長率はかなり高く、台湾のそれはもちろん、日本の成長率をも大幅に上まわっている[15]．前半期の鉱工業の成長は、食品、木工、窯業がその主体であるのに対して、後半期では紡織、金属加工、機械等の近代産業がその推進力となっている．また後半期においては、朝鮮南部と北部において明らかに相違のある成長力がみられる．すなわち、朝鮮南部の工業が食品、紡織等の軽工業を中心に成長を示しているのに対し、北部は化学・機械工業、窯業工業の発展がみられる．このような鉱工業の発展形態の相違は、第2次大戦後の経済成長の初期条件の相違として多くとりあげられてきた[16]．この節の推計結果は、この種の議論の背景をより明確化させるうえで有用であろう．

第3・8表　地域別・産業別朝鮮鉱工業生産指数の成長率(付台湾)

	1914-27			1928-40			1912-38
	全朝鮮	朝鮮南部	朝鮮北部	全朝鮮	朝鮮南部	朝鮮北部	台　湾
食料品工業	7.13	7.26	6.88	8.43	8.88	4.98	2.60
紡織工業	4.71	5.48	3.05	10.00	10.53	7.99	2.36
製材及木製品工業	16.34	17.38	14.90	6.89	4.83	13.41	3.97
化学工業	8.87	4.41	12.63	21.62	7.49	27.18	1.06
窯業及土石工業	15.04	18.55	9.82	11.81	7.03	14.24	3.00
金属工業	3.20	0.00⁺	5.79	11.55	21.82	6.78	4.03
機械工業	6.52	8.89	0.00⁺	12.98	10.77	19.87	4.47
其他の工業	2.42	1.07	0.00⁺	5.22	6.17	3.65	3.17
鉱　　業	6.33	6.68	6.47	19.70*	25.28*	18.67*	2.21
工　業　計	5.31	4.86	6.22	12.37	9.70	15.05	2.48
鉱工業計	5.33	4.87	6.25	11.56*	9.34*	14.31*	—

〔注〕＊印は1928-36年, ⁺印は回帰の係数が有意でないもの.

〔Ⅲ〕戦前・戦後比較

　第2次大戦後の韓国鉱工業の成長には注目すべきものがある．そこで興味ある試みの1つは，戦前・戦後をリンクした鉱工業生産指数を作成することであろう．韓国については1955年以降公式な鉱工業生産指数を発表している[17]．したがって，われわれの作業としては，特定の1時点について戦前・戦後比較をおこなうことに限定される．

　戦後についての韓国の鉱工業生産統計は，戦前のそれよりも精度が高い．ここで比較のためのデータとしては，

　　Economic Planning Board and Korean Reconstruction Bank, *Report on Mining and Manufacturing Census, Series II, 1963*, 1964

がとりあげられた．この資料を戦前データと対比する場合，次の3点を考慮する必要がある．

(1) 戦前のデータは原則として鉱工業生産をおこなう全事業所をカバーしていることになっているが，戦後の調査では5人以上の事業所に限定されている．

(2) 戦後の調査がカバーしている品目数は，戦前のものよりかなり大である

ことが考えられる．

(3) 戦後の生産の中には，戦前には存在しなかったような生産物がある．

これらの問題に対する解決策としては次のような方式がとられた．まず，(1)については，わが国のデータを参照して5%だけ戦後の数字をふくらませることにした．戦前の統計において，実際上どの程度まで小規模な事業所の生産額をカバーしていたかについては疑問も残る．この意味から，上記の調整はやや戦後の数字を過大評価している可能性もある．

(2)の問題は次のように処理した．まず，戦前のデータとして1935年の統計をとり，その生産額を戦後分類にあわせて分割した．このとき，「其他繊維品」等の生産額は除いてある．これは，この部分に対応するカバレッジが，戦前・戦後間でことなることより生じるバイアスをさけるためである．ついで，戦前の品目別生産額に対応する数字を1963年のセンサスより選択し対比せしめた[18]．この対比に用いられた品目数およびこれら品目の生産金額が1963年センサスにしめる比率(カバレッジ)は第3・9表に示されている．次にこれら金額を実質値で比較するにはデフレーターが必要となる．このために，採用品目中実効単価レベルで比較可能なものについて2時点比較をおこない，他の情報も併用して[19]戦前生産金額ウェイトで類別指数を作成することにした．

(3)で最も問題となるものの1つは機械類であるが，注18)に示したような特殊なとりあつかいがおこなわれているので問題は少ない．かくて主要な製品と

第3・9表　戦前・戦後鉱工業生産比較のための情報

分類名	比較系列数	カバレッジ(%)
食料品	19	75.1
飲料，煙草	9	98.7
非食用原材料	15	41.4
鉱物性燃料，潤滑油，同類似品(含電力)	9	98.8
動物・植物性油脂	11	86.1
化学製品	9	91.0
原材料別製品	27	94.2
機械	1	100.0

しては，合成繊維，プラスチック製品となる．しかし前者を人造繊維の一部としてとりあつかい，後者を戦前のセルロイド製品と対比させれば一応の比較は可能となる．他の若干の製品についても同様の工夫がおこなわれている．

第3・10表はこのようにしておこなわれた生産金額とそれに対応するデフレーターが類別に示されている．ここで示されたデフレーターは1963年の1,000ウォンと1935年の円とを換算するための係数であって，物価指数と解釈するときはそれを1,000倍しなければならない．ところで，同表での実質生産額の比較をしてみると，化学，紙，繊維，機械等の急増が注目される．これらの動向は，韓国経済を分析していこうとする場合重要な鍵といえようが，本書の主旨からしてこの問題には立ち入らない．第3・1図は，同表で求められたデフレーターを利用して求められた戦前基準，1963年の鉱工業生産指数を戦後の韓国の「産業別生産指数」の総平均指数にリンクしたものである．同図によれば，韓国

第3・10表 韓国鉱工業生産の戦前(1935年)・戦後(1963年)比較

	(A) デフレーター (千ウォン/円)	(B) 戦後名目値 (百万ウォン)	(C) 戦後実質値 (千円)	(D) 戦前値 (千円)	(E) 戦前・戦後比 C/D
食料品	0.2387	12,496	52,350	86,295	0.6066
飲料，煙草	0.1148	22,358	194,750	155,459	1.6868
非食用原材料	0.1569	3,460	22,052	12,150	1.8150
鉱物性燃料,潤滑油,同類似品(含電力)	0.3488	14,257	40,874	52,896	0.7727
動物・植物性油脂	0.3334	532	1,596	32,857	0.0486
化学製品	0.0455	13,674	300,527	53,045	5.6655
皮革製品		659	14,483	4,277	3.3637
ゴム製品	0.0711	6,686	94,037	1,068	88.0490
木・板製品	0.2428	1,399	5,760	8,124	0.7090
紙製品	0.1818	6,260	34,433	8,538	4.0329
繊維製品	0.1545	20,473	132,511	60,101	2.2048
非金属製品	0.4917	6,748	13,724	16,206	0.8468
鉄鋼製品	0.6334	4,955	7,823	17,003	0.4601
非鉄金属製品		1,028	1,623	42,805	0.0379
機械	0.1583	10,233	64,643	8,513	7.5834
全鉱工業			981,185	559,337	1.7542

〔注〕1. 本表の戦後値は，4人以下の従業員を含まないことに対する修正はおこなわれていない．したがって，次図と対比するには修正係数を乗じる必要がある．
2. 全鉱工業のデフレーターは，本表よりインプリシット・デフレーター方式で計算したものである．

第3・1図　1935年基準韓国鉱工業生産指数(1935年＝100)

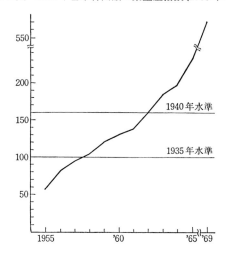

の鉱工業生産は1958年頃1935年水準を，1963年頃1940年水準をこえ，1969年現在では1940年水準の3倍以上の生産をおこなっていることがわかる．作業の性格上ある程度の誤差は覚悟しなければならないにしても，同図の結果は戦後の韓国の鉱工業の水準を知るうえで参考となろう．

§3.3　実質投資額の推計[20]

資本形成額をコモディティ・フロー法で求めるには少なくとも次のような手順が要求される．

(1) 生産・貿易統計から資本形成に使用される物資について品目別の国内への出荷額を求める．

(2) (1)の金額に投資に利用されるまでの流通マージンを加える．

(3) (2)の金額のうち，設備投資，建設投資に向けられる比率を乗じる(以下この比率を「配分率」と呼ぶ)．

(4) (3)の金額を全品目について合計する．

ところで，設備投資に対する配分率が0でない商品を分類すると次のように

なる.

(A) 機械・器具のうち設備投資への配分率が100%であるもの.
(B) (A)の機械・器具・部品および大型機械の一部となる機械・器具.
(C) 設備投資および民生用の両面に使用される機械・器具.
(D) 機械・器具以外の品目.

このうち(D)に属するものとしては,ロープ,じゅうたん等の繊維製品,綱索等の特殊な金属製品,机等の家具類が考えられるが,設備投資全体にしめる比重はそれほど大ではない.試みに戦後のわが国のデータについてみると,1965年値において5.5%にすぎない.このような理由から,以下の推計では,主として(A)-(C)の部分に力点をおき,(D)の部分については若干の年次について試算をおこないその情報にもとづいて上記推計をふくらますことによって最終値を得ることにした.

ところで設備投資に関しては(A)-(C)についての出荷額に関する情報は豊富である.というのは,これらの品目の多くは輸移入に依存しており,それを示す貿易統計は比較的詳細な数字を提供してくれるからである.ところで,これらの数字から出荷価格で評価された設備投資額推計をするには,配分率を定めなければならない.第3・11表には,台湾および朝鮮の資本形成推計に使用された配分率が示されている.この配分率の決定にあたっては,戦後の日本の数字が参照されたほか[21],次の点が配慮された.まず「工作機械およびその部品」等と示された類別については,配分率を10%程度低下せしめた.というのは,部品の一部が台湾または朝鮮における機械製造のための投入財として利用されるか小修理の材料となり得る可能性をもっているからである.また,民生用にも使用され得る機械・器具についての配分率には,戦後の値よりも若干大きくした.また「其他機械」等の内容が明確でない項目については,比較的低い配分率が適用された.

台湾については,第2章で利用した貿易統計の作業表および篠原氏の鉱工業生産の推計に関する作業表が利用された.一方朝鮮についても,第2章および前節の推計のための作業表より引用されている.この結果われわれの本格的な

第3・11表 設備投資推定のための採用項目および配分率

台　　　湾	朝　　　鮮
度量衡器(70)，医療器(85)，電信・部(85)，学術器・部(70)，汽罐・部(70)，縫衣機・部(85)，ポンプ・部(70)，製糖用機械(100)，其他機械・部(70)，工匠具・農具・部(50)，農業用機械・部(85)，電機器(85)，其他鉄製品(20)，鉄道車両・部(85)，自動車・部(85)，其他車両(70)，鉄道機関車・部(85)，船舶(100)	度量衡器(70)，医療器(85)，時計(30)，写真機(50)，測量機(85)，其他学術器・部(70)，汽罐(70)，発電機(70)，ポンプ(70)，其他動力機(70)，鉱業機械(100)，印刷機(100)，電信・電話機・部(85)，電燈器・部(50)，消防機・部(85)，縫衣器・部(85)，精米機・部(85)，繰綿機(100)，其他機械(70)，工匠具・農具・部(50)，鉄道車両・部(85)，自動車・部(85)，自転車(50)，人力車(100)，船舶(100)，其他車両(70)

〔注〕1.「学術器・部」等は「学術器，同部品，同付属品」等を意味する．
　　　2.（　）内は配分率を示す．
　　　3. 本文(D)に属する品目は，若干年について別途計算した．

　計測範囲は，鉱工業の生産に関する期間，すなわち台湾については1912年，朝鮮については1914年以降に限定されることになる．ただ，この両地域における投資が主として輸移入によってまかなわれていた事情を考慮すれば，ある程度の誤差の範囲内でそれ以前への延長も可能となる．以下の作業では，各々1912年，1914年の投資額をそれ以前の輸移入のみより求められる新規投資額に比例して延長するという大胆な試算もおこなわれている．

　このようにして求められた機械設備の金額は生産段階または輸移入地における価格表示となっているから，これに卸売マージンおよび輸送コストを加えなければならない．これらの値を示すデータは皆無であるが，戦後の数字をも考慮して15％ましの値を利用することにした．機械類の多くが輸移入によっていることから，この比率は若干高めであるとの感もないではないが，そこから生じる誤差が結論を大きく左右することはないであろう．

　一方，計算された設備投資の数字の実質化に用いられるデフレーターは，通常の物価指数方式が採用されている．すなわち，設備投資の主体である機械，車両，船舶のデフレーターは，日本の「物価倍率表」を利用したほか，第3・12

第3・12表 設備投資デフレーターのための中分類指数およびウェイト

			ウェイト(%)				
			台湾			朝鮮	
指数の範囲			1896–1915	1915-25	1925-38	1910-25	1925-38
ウェイト作成時点			1910	1920	1930	1915	1930
中分類指数	機械		84	67	69	75	72
	車両		10	27	25	14	22
	船舶		1	1	1	7	2
	繊維		1	1	2	1	1
	金属		2	2	2	2	2
	木工		2	1	1	1	1

〔注〕中分類指数のうち機械・車両・船舶は日本の物価倍率、繊維・金属・木工は生産額のデフレーター。
〔出所〕篠原三代平『台湾鉱工業生産額の推計』, *op. cit.*(注5), および、§3.2. なお、初期時点は輸移出入物価(第2章)により延長。

表に示された価格系列が台湾および朝鮮の生産物価系列の中から選択された. ウェイトは，同表に示されたように台湾については3期間，朝鮮については2期間に分割し，ラスパイレス式の物価指数を各々の期間別に計算した後，リンクし，それを1934-36年平均に換算することにした．

一方，建設投資についての推計も設備投資の場合と同様にすすめられる．建設投資は

(イ) 建設投資のための資材，

(ロ) 建設労務者への支払賃金，

(ハ) 建設会社の利益，

の合計として求められる．このうち，(イ)については，設備投資と同様に計算出来る．すなわち，建設投資に使用される資材としては，第3・13表に示されたように4つの中分類よりなっている．推計にあたっては，まず同表に示された品目リストと配分率を利用して中分類別の投資金額を推計した後，同表に示された「調整率」を乗じることによって最終的な投資金額を推計した．この調整率は，同表の品目リストには計上されていないが建設投資に実際上利用される品目の動向を示す目的で導入されたものである．例えば，砂利は建設投資にとっ

て重要な品目であるが,その使用状況に関するデータは,戦前期については皆無である.そこで,1965年における建設投資の品目別金額を第3・13表の分類に対応した形に可能な限り分割をおこない,その合計値と第3・13表に示されている品目の合計値とを対比した.第1次調整率は原則として前者を後者で割った比率として定義される.しかし,建設投資の資材の中には第3・13表のいずれの分類にも属さない支出がある.この効果を示すために,建設資材の総支出を第3・13表の分類に属する品目への支出合計で割った値を第2次調整率とし,それを第1次調整率へ乗じることによって第3・13表の調整率を求めた.このようにして計算された建設投資資材への支出は卸売マージンおよび輸送費を含んでいない.そこで設備投資の場合と同様に,合計金額を15%だけ増加せしめることによって推計をおこなった.

次に,(ロ)の部分——すなわち建設労務者への支払——を示す方法としては,

第3・13表　建設投資推計のための採用項目と配分率および調整率

	台　　湾	朝　　鮮
〔Ⅰ〕金属製品 [1.363]	鉄〔条・竿〕(50),レール(100),鉄〔板〕(50),葉鉄(50),鉄〔線〕(100),鉄〔管・筒〕(70),其他鉄(30),鋳物(30),銅・銅製品(5),鉛製品(50),亜鉛製品(50),錫製品(50),其他金属製品(20),釘(50),絶縁電線(80)	鉄〔条・竿〕(50),レール(100),鉄〔板〕(50),鉄〔線〕(100),葉鉄(50),鉄〔管・筒〕(70),其他鉄(30),銅〔線〕(80),其他銅(5),錫製品(50),亜鉛製品(50),ニッケル製品(50),其他金属(20),絶縁電線(80),釘(50)
〔Ⅱ〕窯　　業 [1.713]	セメント(65),石灰(15),瓦(100),レンガ(100),土管(100),ガラス板(15),ガラス製品(15)	セメント(65),石灰(15),瓦(100),レンガ(100),ガラス板(15),ガラス製品(15)
〔Ⅲ〕木　　材 [1.408]	板(90),製材(90),電柱(100),原木(10),枕木(100)	製材(90),原木(10),竹(10),電柱(100),枕木(100)
〔Ⅳ〕複合材料 [1.124]	鉄道建設用材料(100),家屋・橋梁材料(100),ポンプ・部(10),電機器・部(20)	鉄道建設用材料(100),橋梁材料(100),家屋建築材料(100),電燈・部(50)

〔注〕1.〔Ⅰ〕に属する品目のうち,一部の時点で〔Ⅳ〕に含まれることがある.
　　2.(　)は配分率,[　]は調整率を示す.

第3章 実質資本形成の成長

建設労務者数に平均実労日および平均賃金率を乗じることによって推計することが考えられる．このうち，平均賃金率に関する台湾の数字は尾高氏の公表数字があり，また朝鮮についても同氏の試算があるのでこれを利用することにする[22]．平均実労日に関する情報は，戦前についてはほとんど期待出来ないから，ここでは一応300日を仮定することにする．問題は建設労務者数の推定である．建設労務者としては，大工，左官，石工，瓦葺工のグループと日雇労務者に分割出来る．ところが，台湾，朝鮮ともこれらの労務者に対する雇用統計は時系列的には得ることが出来ない．わずかに，台湾について1920年，1930年，朝鮮については1930年におこなわれた国勢調査がこれらの数に関する情報を提供してくれるにすぎない[23]．このような状況下で推計をすすめるには当然大胆な仮定が必要となる．いま，1934-36年平均価格で評価された建設投資への実質投入額に対する建設労務者の数の比率を計算してみると2つの事実を見出すことが出来る（ここで用いられたデフレーターについては後に述べる）．

(1) 台湾の1920年と1930年の値は極めて類似している．
(2) 朝鮮の比率は，台湾のそれをかなり上まわっている．

第1の事実は，この10年間の実質資材投入量の増加を考えれば興味あることであり，戦前に関する限り，投入資財量と労務者の比率が時系列として比較的安定していたのではないかという「推論」をある程度可能にする．この推論にたてば，実質建設資材投入額に一定比率を乗じて労働投入量を計算し，さらに賃金指数を乗じて名目労務費を求めることが考えられる．

しかし，このような作業をおこなうには，第2のファクトにも着目しなければならない．戦前の台湾・朝鮮間において建設資材の物価差がそれほど大であったとは考えられないから，その原因は別に求められなければならない．そこで，戦前の日本の経験と比較してみると[24]，台湾の比率は日本のそれよりも低いことがわかる．その理由は，採用されたデータに求めることが出来よう．戦前の台湾においては，農村に大多数の人口が吸収されていたため，「国勢調査」においては「農業」従事者が非常に高い比率をしめている．しかし，一時的な建設作業には，農村の過剰労働が有力な供給源であったと考えられる．同様の

傾向は朝鮮についても考えられるが，農村の人口の大きさよりみて台湾のほうが顕著であろう．このような考え方から，台湾の建設労働力の推計にあたっては，国勢調査の結果を「20％まし」して使用することにした[25]．

投資金額の推定に利用される賃金指数は，(イ)日本人建設労務者賃金，(ロ)台湾人・朝鮮人建設労務者賃金，(ハ)日雇賃金の加重平均を利用した．(イ)と(ロ)の人数比率は2：8とし，(イ)，(ロ)の人数合計と(ハ)の人数との比率は，1930年の国勢調査の比率を利用した．建設労務者数の算出にも1930年の国勢調査が利用された[26]．

(ハ)についての情報は，戦前の台湾・朝鮮については皆無である．(ハ)が全建設投資にしめる比率は当然のことながら大きく変化するであろうから，この欠落はかなり大きな障害となる．したがって，この分野については，将来の研究にまたなければならない．たださしあたりの調整として，以下の計算では(イ)，(ロ)の合計値に1.1を乗じることによって(ハ)の部分の欠落によるバイアスの調整を試みている．

建設投資資材に対するデフレーターは，中分類ベースのインプリシット・デフレーター方式が採用された．まず，各中分類に対応するデフレーターとしては，計算量を節約するために，既存の分類別デフレーターが使用された．すなわち，朝鮮については，韓国の経済企画院が国富調査のために作成した戦前・戦後をむすぶ物価指数が発表されているので，その中分類指数を利用することにした[27]．すなわち，建設資材は，(イ)金属製品，(ロ)セメント・ガラス等，(ハ)木材・木製品，(ニ)複合建設材料に分割出来るが，対応するデフレーターの対応は以下のようにおこなわれた．

　金属製品――「金属または同製品」に対する中分類指数
　セメント・ガラス等――「窯業と土石品」に対する中分類指数
　木材・木製品――「製材と同製品」に対する中分類指数
　複合材料――上記3者の指数を3：1：1の比率で加重平均したもの

一方，台湾については，朝鮮のような適当なデフレーターを見出すことは出来ない．そこで，篠原氏の計算による台湾工業生産に対するインプリシット・デ

第3章 実質資本形成の成長

フレーターと筆者の輸移入物価指数の合成系列を利用することにした．デフレーターの対応は，ほぼ朝鮮の場合と同様であるので詳述しない．また，篠原推計の存在しない1911年以前についてのデフレーターは，筆者の計算した輸移入物価指数のみで延長を試みた．以上の方式は本格的なデフレーター作成のあり方からみれば若干簡略化されているが，それより生じる誤差はそれほど重大なものではないであろう．一方，建設労務者への支払に対するデフレーターは賃金指数が利用され，建設資材との総合にあたってはインプリシット・デフレーター方式が採用された．資材に加えられたマージン，建設企業の営業利益に対するデフレーターは考慮されず，上記の総合デフレーターが利用されている．

第2次大戦後の台湾および韓国については，国連方式にもとづく資本形成の計算が国民所得統計の一部としておこなわれており，その中から新規の設備投資，建設投資に対応する金額を分離することも容易である．したがって，戦前・戦後比較でおこなわなければならないことは，(1)戦前・戦後をつなぐデフレーターを作成すること，(2)戦前の朝鮮の投資のうち，韓国分に対応する額を推計することの2者であることになる．

戦前基準のデフレーターのうち，台湾の設備投資に関するものを直接求めることは非常に困難である．ただ，1965年当時となると，台湾の機械輸入のかなりの部分が日本からおこなわれていること，台湾内での機械生産が比較的少ないことから，前章で計算した1960年に関する機械類の輸入デフレーターをそのまま利用し，同年の設備投資デフレーターにリンクすることにした．韓国については，経済企画院による国富調査のためのデフレーターをそのまま利用することにした．

一方，建設投資のためのデフレーターのうち，台湾については筆者の仮算が発表されており，現在においても特に改訂の必要性を認めないことから，それをそのまま利用することにした[28]．一方，韓国については，国富統計のために作成された「部門別価格指数」の中分類指数を加重平均によって求めることにした．採用された中分類指数とそれに付されたウェイトは次の通りである[29]．

(イ) 製材および同製品――ウェイト　　18%

(ロ) 窯業と土石製品——ウェイト　　　12.5%
　(ハ) 金属または同製品——ウェイト　　17.5%
　(ニ) 労賃——ウェイト　　　　　　　　50%

なお，このデフレーターの使用にあたっては，戦前の日本円と韓国新ウォンの間に，

$$1 ウォン = 1,000 日本円$$

の換算がおこなわれていることに注意が必要である．同様に，次節で引用される台湾についてのデフレーターについても

$$1 台湾新元 = 40,000 日本円$$

の換算がおこなわれている．

　韓国領有地に対応する戦前の建設投資は面積比によって全体の 41.2%，設備投資は鉱工業生産額の比率によって 61.4% と考えることにした．この計算法は極めて暫定的なものであるが，当面他に方法がないのでこの方式を採用した．

§3.4　推計結果の吟味と若干の分析

　以上のようにわれわれの推計にはなお改良すべき多くの問題点が残されている．しかしながら，第1次試算としてはある程度まで使用に耐え得る程度の精度は有していると考えられる．特に，資本形成の絶対額に着目するのではなく，その相対額の時間的変化を分析しようとする場合には比較的問題は少ない．

　第3・14表は，台湾および朝鮮の戦前期における名目資本形成額，デフレーターおよび実質資本形成額を示したものである．同表では，建設業者の経営余剰に対応する投資金額は建設資材および労賃に比例配分してある．また，評価価格は理論的には市場価格表示で示されている．

　ところで，第3・14表をみると，若干の不規則な動きをともないながら明瞭な循環変動を見出すことが出来る．不規則変動の一部は，おそらくは統計データの調整の不充分さによって発生したものであろう．われわれが第3・14表を作成するにあたって，最初に求められた試算結果はかなり大幅な不規則変動を含むものであった．しかし，その原因を品目別に追求していく過程で，明らかに

統計データの誤差(主として分類上の誤差)に起因するものと考えられるものが発見され，この部分については調整がおこなわれた．第3・14表の結果に残されている不規則変動は，このようなチェックにもかかわらず「明らかな原因」が発見出来なかったものより構成されている．しかしながら，これらのかなりの部分が，より詳細な資料吟味によって除去され得る可能性を否定出来ない．

第3・14表の台湾の結果を利用するにあたって，1910年以前の数値はかなり暫定的な性格のものであることに注意されたい．それは，主として建設投資に関連あるデータの不足から発生したものであり，前節で述べた方式を機械的に適用するといちじるしく小さな推計値が得られる．そこで，総督府財政統計から得られる情報とクロス・チェックし若干の修正をおこなっているが，なお多くの留保が必要であろう．

既述のように，台湾・朝鮮に関する資本形成の推計に関する既存の研究は極めて少ないから，われわれの結果をチェックすることは困難である．しかし，江見康一氏による台湾総督府の資本形成とわれわれの結果との比較はある程度までわれわれの推計の精度を知るうえで重要である．第3・2図はこの目的のために作成された名目額の比較である．われわれの推計は政府投資のみではなく民間のそれを含んでいるから，江見推計を上まわっているのは当然である．両者を比較してみると，資本形成の循環変動は極めて類似したパターンを示しており，われわれの推計への有力な支持を与えてくれる．また，資本形成の中にしめる総督府の役割が逐次低下しているのも納得的である．ただ，1910年以前で本推計と江見推計の差があまりにも小であり，ある時点で逆転していることには注意が必要である．江見推計の中には，総督府による民間所有の土地・建物等の買収費を含んでいるから，理論的には2者の逆転は可能である．しかし，1900年代初期に関するこのような帰結は，むしろわれわれの推計の過小評価と考えたほうがよさそうである．というのは，前節で述べたようにこの期間についてはかなり思い切った補外作業がおこなわれているからである．そして，この面について補正がおこなわれれば，1910年までの異常に高い成長率も修正されよう．

第3·14表 台湾・朝鮮の資本形成の推計

(A) 台 湾

	名目資本形成(千円)		実質資本形成(千円)		資本形成デフレーター
	設備	建設	設備	建設	
1896	366	254	719	654	45.1
97	564	386	1,038	824	51.0
98	562	604	1,045	1,186	52.2
99	676	1,324	1,098	2,796	51.4
1900	1,242	2,556	1,992	4,664	57.1
01	2,764	3,354	4,610	6,380	57.5
02	1,863	2,800	3,357	3,150	71.7
03	1,142	3,490	1,943	7,766	47.7
04	1,176	3,638	1,845	8,168	46.5
05	1,764	3,280	2,593	6,996	52.6
06	1,205	4,558	1,750	9,020	53.5
07	3,904	9,864	5,283	14,802	68.5
08	8,837	10,461	13,391	15,585	66.1
09	3,988	8,900	6,820	17,064	54.0
10	8,190	10,877	13,024	15,196	67.6
11	8,623	13,117	14,062	21,436	61.2
12	4,650	17,404	6,569	27,095	65.5
13	2,451	15,736	3,583	23,386	67.4
14	2,017	11,856	3,039	19,389	61.9
15	2,323	11,226	3,019	15,629	72.7
16	2,854	15,731	2,946	15,787	99.2
17	5,511	35,293	4,312	28,683	123.6

	名目資本形成(千円)		実質資本形成(千円)		資本形成デフレーター
	設備	建設	設備	建設	
1918	9,281	51,016	6,229	21,505	217.4
19	12,959	63,277	9,269	32,592	182.1
20	16,835	127,778	11,284	50,836	232.7
21	14,370	86,657	11,294	46,454	214.8
22	7,774	55,667	6,584	39,107	138.8
23	8,440	54,983	8,015	38,510	133.4
24	6,916	47,983	5,889	31,716	145.7
25	8,505	62,496	7,104	44,433	137.7
26	9,703	58,923	9,272	43,692	129.5
27	11,326	69,788	10,784	51,904	129.8
28	14,834	83,649	14,243	62,110	128.9
29	15,103	92,047	14,547	65,967	133.0
30	15,302	71,264	16,648	57,485	116.7
31	11,248	61,995	13,279	56,837	104.5
32	10,510	73,496	11,531	71,844	100.8
33	13,160	81,114	12,879	79,394	102.2
34	19,004	89,186	18,677	85,674	103.7
35	24,106	113,606	24,700	109,553	102.6
36	23,096	110,648	23,235	120,009	95.0
37	31,030	105,783	22,324	91,921	119.5
38	40,879	128,403	28,607	97,801	133.9

(B) 朝鮮

	名目資本形成 (千円)		実質資本形成 (千円)		資本形成デフレーター
	設備	建設	設備	建設	
1911	4,101	15,633	6,729	28,886	55.4
12	5,224	18,813	7,643	33,509	58.4
13	5,596	15,690	7,388	27,469	60.8
14	4,419	15,503	6,894	29,420	54.8
15	3,418	13,349	4,486	26,217	54.6
16	4,419	15,110	4,617	28,371	45.8
17	9,575	23,281	7,514	33,640	79.8
18	23,126	35,215	16,095	37,971	107.9
19	26,272	40,173	20,201	30,412	131.3
20	21,235	38,664	15,077	23,946	153.5
21	18,642	44,861	14,922	32,570	133.7
22	19,181	52,807	16,261	39,509	129.1
23	17,832	51,216	15,698	40,856	122.1
24	20,266	37,517	17,309	29,062	124.6
25	17,732	34,060	14,850	26,042	126.6
26	21,120	48,641	20,223	38,796	118.2
27	22,687	71,377	21,860	58,671	116.8
28	28,670	81,467	27,830	66,452	116.8
29	32,150	85,601	31,274	71,444	114.6
30	26,570	75,698	29,542	72,002	100.7
31	17,375	59,468	21,026	65,590	88.7
32	21,160	67,728	23,556	78,421	87.2
33	28,107	72,164	27,783	82,278	91.1
34	37,783	95,766	37,308	106,713	92.7
35	56,338	133,321	57,806	132,357	99.7
36	81,120	187,568	80,619	171,237	106.7
37	87,182	99,857	62,138	82,340	126.0
38	119,954	100,245	83,107	73,167	140.9

第3・2図 本推計と江見推計の比較

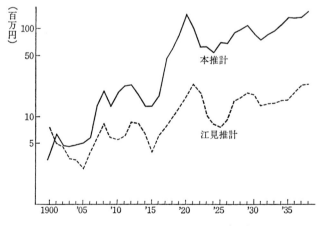

〔出所〕江見康一「台湾の資本形成」, *op. cit.*(注4).

いま1つのチェックは，建設投資について本推計と李推計の比較をおこなってみることであろう．この2推計は接近法がまったくことなった方向よりすすめられているのであり，李推計のカバレッジがわれわれのものより若干低いと考えるから，かなりの相違が生じたとしても奇異ではない．それにもかかわらず第3・15表の比率B/Aの数字は少なくとも1927-33年については類似した結果を示している．時系列的な変動方向としては，われわれの推計の上昇率は李推計のそれをやや上まわっている．しかし，この2者の差は，上記の期間については決定的といえるほどのものではない．そして，2者の優劣比較，相互チェックによる各々の改良作業等は今後に残された問題といえよう．

第3・15表　朝鮮の建設投資に関する本推計と李推計の比較

	A 本推計	B 李推計	B/A
	(百万円)		
1926	38.8	45.0	1.16
27	58.7	47.2	0.80
28	66.5	60.9	0.92
29	71.4	58.9	0.82
30	72.0	55.9	0.77
31	65.9	57.9	0.87
32	78.4	67.9	0.87
33	82.3	61.9	0.75
34	106.7	65.8	0.61
35	132.4	73.9	0.56

戦前・戦後の比較はすでに述べたようにいくつかの問題を残している．しかし，この種の留保をふまえたうえで，1934-36年基準の資本形成デフレーターを1963年について作成してみると第3・16表が得られ，1963年の設備投資と建設投資の合計値の実質額は台湾においては1935年の約1.3倍，韓国では約2倍という数字が得られる．戦後の期間については，実質資本形成額を求めるデフレーターが作成されているから，それを第3・16表にリンクすることによって，戦前基準のデフレーターや実質系列を求めることも可能となろう．

以上述べてきたように，われわれの推計にはなお改善されるべき多くの問題

第3・16表 台湾・朝鮮の資本形成値の戦前・戦後比較

		(A) 1963年名目値 (円換算：10 兆円)	(B) デフレーター (1934-36年＝ 0.001)	(C) 1963年実質値 (1934-36年価 格：百万円)	(D) 1935年実質値 (1934-36年価 格：百万円)	(E) C/D
台湾	建設投資	174.3	2049	85.0	110.0	0.77
	設備投資	142.3	1491	95.4	24.7	3.86
	計	316.6	—	180.4	134.7	1.34
韓国	建設投資	25.6	332.2	77.1	54.5	1.41
	設備投資	16.1	158.3	101.7	35.5	2.86
	計	41.7	—	178.8	89.0	2.01

〔注〕1963年値は，減価償却を除いた資本形成値を，減価償却こみの建設投資・設備投資の比率で分割した．

点を残している．この意味では，あまり詳細な分析に立ち入ることには疑念も残される．そこで，ここでは，比較的単純な手法から導かれる特性を指摘するにとどめることにしたい．

第3・3図は前節の推計結果に，江見氏による日本の推計結果を加えて図示したものである[30]．同図の日本の値は軍事に対する投資は除外されているので，概念的に台湾・朝鮮の数字と比較可能である．なお，同図の(B)，(C)では，日本のスケールと台湾・朝鮮のそれとが相違している点に注意されたい．ところで，この3図を比較してみると，いくつかの興味ある事実を見出すことが出来る．その1は，台湾・朝鮮における資本形成が建設投資にかたよっているのに対し，日本の資本形成が設備投資に多くの比重がかかっているということである．この傾向は特に台湾においていちじるしい．朝鮮の設備投資は1930年代以降かなり急増しており，日本の比率に接近する動きを示している．

次に，実質資本形成の平均成長率を求めてみよう．これまでと同様に，

$$\log_e X(t) = a + bt \tag{3.1}$$

を最小二乗法によってあてはめて成長率を計算してみると第3・17表が得られる．ここでXは資本形成額，tは年次，eは自然対数の底を示す．同表によると，次の事実を指摘することが出来よう．まず台湾についてみると，資本形成の実質額の成長率は日本領有以来，1900年代初期までおどろくべき高い成長率

第3・3図　日本・台湾・朝鮮の資本形成の比較

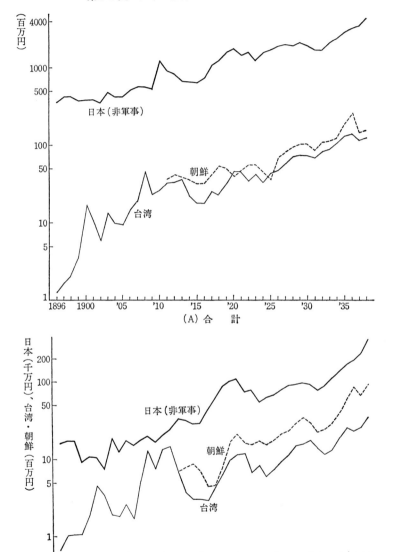

(A) 合　計

(B) 設備投資

を示していることである.その原因の一部が推計上の誤差にあるとしてもこの間の投資の主体が,港湾,鉄道,道路等の基礎的建設投資,製糖工場の建設による実態面を無視することは出来ない.しかし,朝鮮に対する投資が増大するにつれて,対台湾投資の成長速度はにぶり,1911-38 年の成長率は 1896-1910 年の約 3 分の 1 に低下する.山本氏の指摘するように[31],当時の日本は基本的には資本不足国であった.このような状況下での対台・対鮮の植民地投資が経済的にかなりの負担であったことは充分推測出来る.この期間における日本の非軍事資本形成に対する台湾・朝鮮の資本形成の比率を計算してみると,1912 年で 4.2%,1930 年で 5.2% となっているが,既述の住宅建設に関する過小推定の可能性を考慮すれば,1930 年代で 7% 程度の値を示していたことも考えられる.

一方,朝鮮における資本形成の成長率は台湾と比較してかなり低く,日本のそれと近い値をとっている.特に建設投資の成長率が低いのは注目されてよい.建設投資については,絶対額そのものもかなり低い水準にあったことは明記しておく必要があろう.試みに,台湾・朝鮮間に存在したであろう物価差を無視して 1935 年における 1 人当り建設投資額を計算してみると,朝鮮の値は台湾のそれの約 4 分の 1 になっている[32].建設投資は,少なくとも長期的にみる限

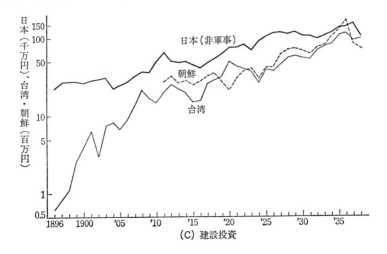

(C) 建設投資

第3·17表　日本・台湾・朝鮮の資本形成の平均成長率比較(年率：%)

		設備投資	建設投資	計
1911-1938年	日　本	6.72	4.09	5.39
	台　湾	6.41	6.69	6.55
	朝　鮮	8.99	5.80	6.68
1896-1910年	日　本	2.85	3.35	3.11
	台　湾	17.31	22.45	20.52
1896-1936年	日　本	7.21	4.50	5.69
	台　湾	6.53	9.64	8.70

〔注〕日本の値は非軍事.

りその地の産業，民衆の生活と密接な関連をもっている点を考慮すれば，このような事実は朝鮮総督府の施策を評価する場合の1つの材料となり得ることは確かである．しかも，朝鮮民衆の生活水準向上に必要な農業投資は台湾に比しておくれており，嘉南大圳工事に対応するような農業振興のための建設投資を朝鮮について見出すことは出来ない．朝鮮における設備投資の成長率はかなり高い水準にある．特に1930年以降のそれは，第3·17表の数字をかなり上まわっている．この事実は，§3.2に示した鉱工業生産の増加と対応している．設備投資の財源がどのようにして調達されたかを研究することは興味あることであろう．例えば山本氏は，日本の植民地における投資のかなりの部分が，先行投資による利潤の再投資という形態をとっていることを指摘している．このような分析をすすめるには，投資主体よりの接近と本章の物的方向よりの接近の相互チェックが必要となる．この問題は将来の研究にゆだねたい．

　いま1つのトピックは，生産額または所得に対する投資の比率の動向を分析してみることである．この種の研究としては，篠原氏の台湾に関する試算がある[33]．氏は，貿易および生産統計から，資本形成を概算した後，「物的粗生産額」に対する比率を計算している．氏の計算によれば，この比率はほぼ一定水準を上下しており，大川一司氏が日本について主張する「趨勢加速[34]」は台湾については成立しないことが述べられている．そこで，われわれの作成した資

本形成額を，前節で利用した農業生産額・鉱工業生産額で割り，日本の値と対比してみると第3・4図が得られる．同図ではまずその比率のレベルが日本・台湾と朝鮮間においてかなり相違している点が注目される．このうち，日本・台湾間の比較においては，設備投資の比率が日本が台湾を上まわっており，建設投資について見出される逆の現象がこれを相殺している．一方，台湾・朝鮮間の相違は建設投資について見出すことが出来る．

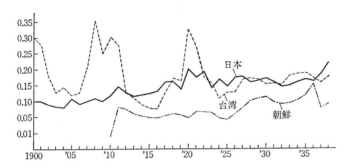

第3・4図　資本形成・生産額比率の比較

台湾の比率に上昇傾向があるかどうかは篠原氏の主張のようには簡単には速断出来ないようである．むしろ，特殊なサイクルを除けば，上昇傾向を見出されるとしたほうがよいかもしれない．一方，朝鮮についてはより明瞭なトレンドを見出すことが可能である．ただ，この現象が趨勢加速的現象とみなし得るかどうかについては，投資資金の調達関係の検討が必要となろう．

資本形成の分析では，トレンドとともに循環変動が注目される．事実，第3・5図からみられるように，日本・台湾・朝鮮の設備投資・建設投資ともある種のサイクルを示す動きをもっている．しかしながら，循環変動の分析は当初予想されるほどには容易ではない．というのは，データ面および分析手法に問題が残されているからである．まずデータ面については，われわれの計算において建設資材等に関する在庫変動の調整がおこなわれていない．したがって，以下導かれるサイクルは在庫変動の一部をも含んだものであり，厳密な意味での設備投資・建設投資のサイクルを示すものではない．一方，与えられたデー

第3・5図 建設投資・設備投資の循環変動の比較

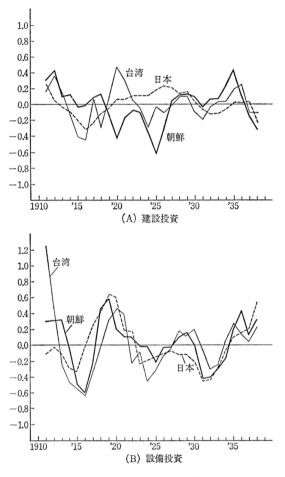

(A) 建設投資

(B) 設備投資

〔出所〕日本については注30)の文献参照.

タからどのようにして循環変動を分離するかということをめぐって多くの議論があり，その解答は得られていない[35]．しかし，ここでは問題のあることは承知のうえで，(3.1)式の残差を循環変動と考えることにした．この場合，左辺は対数値をとっていることから，算出された値はトレンド値に対する循環変動比率のような性格をもっている．

第3章 実質資本形成の成長

ところで，第3・5図に示された結果をみると設備投資の循環変動は，日本・台湾・朝鮮とも極めて類似した形を示している．わずかに1910年前後の台湾の動きがやや特殊な形を示しているにすぎない．これに対して，建設投資の循環は，日本と朝鮮間においてかなりことなっており，1920年代については逆サイクル的な傾向すら見出される．また台湾の変動も1920年代においてかなりの特色あるパターンを示している．このような傾向の説明には，史実による補強が必要であるが，ここではそこまで立ちいる余裕はない．

最後に，第3・16表の結果を利用して，戦前基準実質投資形成指数を第2次世界大戦後の期間について示しておく．§3.2でも述べたように，この比較には多くの留保を必要とするから，第3・6図は一種の参考数字にすぎない．しかし同表によれば，台湾においては1963年，韓国においては1962年以降恒常的に戦前値をこえており，他の指標と比して戦後の回復時期が早いことを示している．そしてこの事実は，戦後の台湾・韓国の経済発展を考えていくうえで重要なことであろう．

第3・6図 台湾・韓国の戦前基準実質資本形成指数(1935年=100)

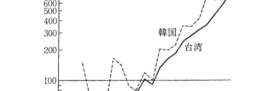

〔出所〕The Bank of Korea, *National Income Statistics Yearbook*, 1971, および, 行政院主計処『中華民国国民所得 1973』.

1) この論文の主要な内容は，拙稿 "Commodity Flow Estimates of Capital Formation in Korea and Taiwan under Japanese Rule," *Korean Economic Review*, Vol. 12, No. 4, 1974, および，「朝鮮工鉱業指数の推計」『経済研究』第24巻第3号, 1973 に発表されている.
2) これらの推計方法については，江見康一『資本形成』東洋経済新報社, 1971 参照.
3) 李潤根「韓国의投資推計」『(青丘大)論文集』, 1968. 同論の存在を知り得たのは韓国開発研究所朱鶴中博士に負うが，本書執筆中に同論を入手することが出来なかった. このほか，李潤根「韓国国民所得推計와그内容(1926-36)」(趙璣濬・李潤根・劉奉哲・金泳謨『日帝下의民族生活史』民衆書館, 1971)は投資推計を直接おこなったものではないが，GNP推計の一部としておこなわれた建設業の所得推計が建設投資と密接な関係があるのでここに引用しておく.
4) 江見康一「台湾の資本形成」(篠原三代平・石川滋編『台湾の経済成長』アジア経済研究所, 1971). 山本有造「日本の植民地投資——朝鮮・台湾に関する統計的観察——」『社会経済史学』第38巻第5号, 1972.
5) 一橋大学経済研究所統計係『台湾鉱工業生産額の推計：大正1年～昭和15年』(謄写刷), 1969. この作業表の利用を許可して下さった篠原三代平氏に感謝の意を表する.
6) 朝鮮については，韓国の『第1次国富統計調査総合報告書』において使用した機械についてのデフレーターがあるが，その性格が現在までのところかならずしも明らかでないことから戦前についての資本形成の推計にあたっては使用しなかった.
7) 江見康一『資本形成』, *op. cit.* 氏はこの目的のため東京の住宅坪数等を使用している.
8) 日本統治下の台湾・朝鮮における主要な生産活動はいうまでもなく農業生産である. この分野については，台湾・韓国の研究者による多くの業績があるほか，石川滋氏による組織的な研究も現在進行中である. また，朝鮮のGNPの推計(名目価格表示)としては，李潤根氏による先駆的研究が1926-36年についておこなわれている. 李潤根「韓国国民所得推計와그内容(1926-1936)」(趙璣濬・李潤根・劉奉哲・金泳謨『日帝下의民族生活史』民衆書舘, 1971). 本書でGNE面が重視されたのは，これらの先駆的業績との競合をさけたことにもよる. 朝鮮における鉱工業発展の歴史的研究としては，韓昌浩「日帝下의韓国鉱工業에과한研究」(金文植・韓昌浩・崔泰鍋・権斗栄・車耕権『日帝의経済侵奪史』民衆書舘, 1971)がある. この節では推計を主体とし，その経済史的背景にはまったくふれていないので，同論文との併読を期待したい.
9) 篠原三代平・石川滋編『台湾の経済成長——その数量経済的研究——』アジア経済研究所, 1971, 第2章，および，注5)の文献参照.
10) 李潤根「韓国国民所得推計와그内容(1926-1936)」, *op. cit.*
11) 〔Ⅰ〕は技術的解説でしめられているから，結論のみに興味がある読者はとばしてもよい.
12) 通商産業省『工業統計50年史』同省, 1961.
13) これら作業の詳細は，一橋大学経済研究所統計係『戦前台湾・朝鮮の物価資料(2)』(謄写刷), 1974 を参照されたい.

14) この1つのチェックは1918年と1928年の生産額を中分類別に比較してみることである．このようなチェックの結果，カバレッジの縮小はある程度存在はするが，結論を決定的に左右するほどではないとの印象を得ている．
15) 塩野谷氏の推定によれば，1905-35年間において6.11％の成長率をもっている．塩野谷祐一「日本の鉱工業生産指数1905-1935」(篠原三代平『産業構造論』筑摩書房，1966別冊).
16) この種の議論は，第2次大戦後の韓国経済を論じる場合しばしばとりあげられてきた．例えば，李昌烈「民族資本의形成問題」(内閣企画調整室編『韓国経済発展의理論과現実(I)』同室，1969)参照．
17) 韓国の生産指数は，1957年に「1955年基準指数」が発表されて以来，何回かの改訂指数をリンクしたものである．この指数の詳細については崔善来『韓国の統計調査(上)』アジア経済研究所，1972参照．
18) 機械については，品目別対応が不可能であること，戦前の機械生産に関するカバレッジが大であったと想定されることから，機械の比較については両年度の総額を使用した．
19) 機械および各種製品のデフレーターとしては，経済企画院『第1次国富統計調査総合報告書』，op. cit. に示された「部門別価格資料」が利用された．
20) この節は，コモディティ・フロー法による投資推計をめぐる技術的な問題がとりあげられているので，結論のみに興味ある読者はとばしてもよい．
21) 経済企画庁編『昭和40年基準・改訂国民所得統計(推計資料集)』同庁，1970.
22) 尾高煌之助「日本統治下における台湾の雇用と賃金」(篠原・石川編『台湾の経済成長』，op. cit.)，および，「日本統治下における朝鮮の雇用と賃金――付関東州の雇用と賃金」(一橋大学経済研究所統計係『加工統計シリーズ』No.7, 1971)．後者は公刊されたものではないが，尾高氏の好意ある許可により利用することが出来た．
23) 台湾総督府臨時戸口調査部『第2次臨時台湾戸口調査結果表』，同総督府，1923.台湾総督府『昭和5年 国勢調査結果表 全島編』，同総督府，1934．朝鮮総督府『朝鮮国勢調査報告 全鮮編』同総督府，1935．台湾の戸口調査を利用して職業分布の変化を分析した先駆的研究としては，George W. Barclay, *Colonial Development and Population in Taiwan*, Princeton University Press, 1954がある．
24) 江見康一編『経済成長と建設物価の変動』建設物価調査会，1965.
25) 建設労務者数を直接推計する可能性としては，死亡統計を利用する方式が考えられるが，データの吟味等の関係から今回はこの方式を断念した．上記の方式を，日本のデータに利用したものとしては，梅村又次「産業別雇用の変動：1880-1940年」『経済研究』第24巻第2号，1973がある．
26) 尾高氏の賃金指数は1902年より推計がおこなわれているのでそれ以前の名目建設投資額を計算することは出来ない．そこで，以下の推計では1901年以前の物件費と人件費の比率が1902-04年平均と同一であるという仮定の下で計算がおこなわれている．しかし，この仮定に多くの問題が残されていることはいうまでもない．
27) 経済企画院『第1次国富統計調査総合報告書』，op. cit. に示された「部門別価格資

料」参照.
28) 溝口敏行「台湾の物価指数」(篠原・石川編『台湾の経済成長』, *op. cit.*).
29) このウェイトは,台湾に関する作業と同一である.
30) 江見康一『資本形成』, *op. cit.*
31) 山本有造「日本の植民地投資」, *op. cit.*
32) 朝鮮に対する日本の投資が,朝鮮人農民所有の土地の収奪という形をとったことはしばしば指摘されている.この種の「投資」は本章で定義された資本形成の中には概念上含まれていない.本章の帰結を,従来の諸主張と対比する場合,この点に関する注意が必要である.
33) 篠原三代平・石川滋編『台湾の経済成長』, *op. cit.* 第2章.
34) 所得水準の上昇とともに投資率も上昇するという傾向をいう.
35) この問題については,溝口敏行・浜田宗雄『経済時系列の分析』勁草書房,1969参照.

第4章　実質政府消費推計と財政支出

§4.1　財政分析の目的とデータ[1]

　本章の主目的は，財政統計を利用して政府消費(政府の財・サービスの購入)を推計するとともに，そのデフレーターを作成して実質額を求めようとすることにある．このような目的のためには，財政統計の全面的な吟味が必要となる．したがって，この作業の副産物として財政支出構造に関する一般的な分野についての検討結果が得られる．本章では，これらの問題についても若干ふれておくことにしたい．

　戦前の台湾および朝鮮の政府財政支出を検討しようとする場合，(イ) 日本中央政府，(ロ) 総督府，(ハ) 地方政府の3段階が考えられる．日本中央政府は，台湾および朝鮮を統治するにあたって，ほぼ全面的に総督府を通じて財政支出をおこなってきた．例えば，朝鮮に対する中央政府の支出は，朝鮮総督府の収入に計上された後，総督府の支出という形をとっている．したがって(イ)に属する支出はほとんど皆無であるといってもさしつかえない．ただ例外として台湾および朝鮮に駐留した軍隊の支出については，中央政府の財政の中に含まれている．軍事費のかなりの部分は政府消費に含まれるべきであるから，本来ならばこの部分は台湾・朝鮮のGNEの一部となる．しかし，以下の分析ではこの部分は無視して議論をすすめることにする[2]．

　台湾および朝鮮の総督府財政の予算および決算は，『台湾総督府統計書』および『朝鮮総督府統計年報』に示されている．台湾については予算・決算とも「目」レベルまで示されているが，朝鮮については予算は「目」，決算は「項」レベルまで示されているにすぎない．われわれの利用したい数字は決算であるから，朝鮮の場合やや不便な形の統計であるといわざるを得ない．そこで，必要な場合には，決算の「項」の数字から予算の構成比を利用して「目」の数字を推定することにした．

地方政府財政に関する統計の詳細さにおいても，台湾について朝鮮よりもこまかい情報を得ることが出来る．台湾の地方政府としては，(a)州および庁，(b)市，(c)街庄(町村)が考えられる．まず(a)の財政統計については『台湾総督府統計書』に一括されているほか，各州発行の統計書(例えば『台北州統計書』)に示されている．不幸にして，各州の統計書のすべてが収集されているわけではないので断定的な主張をおこなうことは出来ないけれども，筆者が入手し得た範囲内では『総督府統計書』と各州の『州統計書』の分類等は財政に関する限り同一である．したがって，ミス・プリント等の危険に対する配慮がおこなわれる限り，第2次資料である『総督府統計書』の数字を利用してさしつかえない．同様の事情は市統計についてもみられるようである．すなわち，筆者がチェックし得た唯一の資料である『台北市統計書』にもられた市財政に関する表は，『総督府統計書』のそれと完全に同一なものである．街庄の財政は『総督府統計書』に予算のみが示されている．そこでやむを得ず，予算の数字で決算を代用せしめることにした．

朝鮮の地方財政は，(a)道・州，(b)府(一般，第1部，第2部)，(c)邑面よりなる．ところで『総督府統計年報』に示された地方財政の表は，総督府に対するよりもあらい分類基準を採用している．このことから朝鮮の地方財政に関する作業にはある程度の誤差を覚悟せざるを得ない．邑面について，決算の数字が得られないという理由から予算で代用する以外に方法がない点では台湾の場合と同様である．

地方政府の財政統計は，その集計過程でのミスがないと想定した場合，朝鮮については全年度について得ることが出来る．しかし，台湾の場合，『台湾総督府統計書』には1921年以降の数字が示されているにすぎず，それ以前の数字を得ることが出来ない．しかもこの時点については州統計書の類も見出すことが出来ないから，これらの時点についての地方財政の数字を見出す可能性は極めて少ない．本章で，後述のような極めて大胆な補外法によって，この時点の地方財政における政府消費・投資の「推計」をおこなったのもこのような事情にもとづいている．

第4章　実質政府消費推計と財政支出

　ところで，以上のようにして求められた政府支出は，(i)政府消費(政府の財・サービスの購入)，(ii)政府の資本形成，(iii)公企業のための経営支出，(iv)他の政府および民間への移転支出に分割出来る．特に両総督府財政にしめる公企業——特に鉄道，営林，専売——の経営収支はかなりの比重をしめてきていることには注意が必要であろう．本来ならば，これら公企業の経常収支を独立勘定としてあつかった場合の政府財政の姿を吟味してみるべきであるが，ここでは政府消費の推計が興味の中心となるので支出面を分離するにとどめた．分類作業の詳細は次節で述べる．

　このようにして求められた政府消費の名目額を実質額に換算するためには政府消費デフレーターの作成が必要となる．政府消費支出は，政府職員の人件費と政府が購入するその他の財・サービスより構成される．本章では1つの近似として，総督府の政府消費に対応するデフレーターを作成し，それで地方政府のための指数としても利用することにした．人件費の物価指数は，職種別平均賃金指数を，またその他の財・サービス購入に対応するデフレーターは，第1章で作成した消費者物価指数の中・小分類指数等を総合して計算をおこなうことにした．

　台湾・朝鮮についての政府消費の戦前・戦後比較をすすめるには，解決すべきいくつかの問題がある．まず，台湾については中華民国政府と台湾省政府の財政をどのように考えるかという問題が生じる．前者は理念的には中国大陸をも統治の対象とした「中央政府」であり，後者がどちらかというと戦前の台湾総督府に近い．しかし現実の支出項目をみると中華民国政府の支出のかなりの部分は台湾総督府によってまかなわれていた項目であることがわかる．この点を考慮して，中華民国政府の支出もすべて台湾のみへの支出と考えることにした．

　より大きな障害は，台湾について軍事費の政府消費にしめる割合が発表されていないことである．韓国の例からみてもこの比率はかなり高い値をしめていると考えられ，おそらくは50%前後ではないかとも推測されるが具体的な裏付けを得ることが出来ない．そこであくまで暫定的な試みとして，戦後の政府

消費の値の 50% と戦前値を比較することにした.

韓国については,中央政府の軍事費支出が公表されているので,台湾で生じたような困難性はない.ただ,戦前の財政が朝鮮全土を対象としていたことは調整されなければならない.しかしこのような調整を完全におこなうことは不可能であるので,1人当り支出の比較を付すことによってこれにかえることにした.

政府消費の戦前・戦後比較のためのデフレーターの作成についても若干の困難が存在する.その主要な理由は,人件費に対応するデフレーターの作成が容易でないことである.戦前と戦後では政府職員の給与体系は大幅に変化しており,その直接比較は困難である[3].そこでやむをえず,製造業賃金指数をそのまま利用することにした.この方式に問題があることは筆者も充分認識しているところであり,将来の研究にまつところが大きい.

§4.2 政府消費金額の推計およびそのデフレーターの作成[4]

本章の第1の作業は,政府支出を国民所得分析に便利なように4大分類に分割することにある.しかし,われわれが得ることの出来るデータはこの目的にかならずしも最適なものではない.まず総督府財政についてみると,かなりの項目はその名称よりしてこれら4項目のいずれに属すべきかを判定出来る.例えば,「総督府・教科書費」と示された費目は政府消費とみなせるし,「……庁庁舎建設費」と示されたものは政府投資とみなし得よう.また「……対策補助金」と示されたものは移転支出とみなし得る.しかし,このようにかなり厳密に分類し得る費目の金額は 20% にもみたない.次に多少の留保を付せば一応分類可能なものがかなりある.例えば総督府・俸給の大半は,政府消費とみなしてさしつかえない.というのは,厳密には公企業に含められるべき公企業担当の高官の人件費や,政府投資に加えられるべき現場責任者の費用等も若干この項目に含まれているがその比重はそれほど大ではないと考えられるからである.同様の意味で,「交通局の経常支出の中に,あるいは政府投資にくり入れられるべき支出が含まれているかもしれない」という危険を無視すれば,交通局

第4章　実質政府消費推計と財政支出　　127

への経常支出は公企業のための経常経費とみなし得よう．これらの支出とさきの分類可能の支出を合計すると 70-80% の総督府支出はカバーされる．

　残された部分については，どうしても恣意的判断が入りこまざるを得ない．例えば「地方庁・事務費」の大部分は政府消費とみなし得ようが，移転支出を含まないという保証はない．これが「機密費」ということになるとまったく勘にたよるしかなくなる．財政の支出項目は年々変化しているから，これらについての判断をすべて示そうとすれば多量のページを消費しなければならない．このようなことは出版事情から許されないので，第 4・1 表に 1936 年の台湾総督府についての分割表を例示するにとどめた．同表でかっこが付されていない項目(例えば「総督府・俸給」)は全額その分類(この例では政府消費)にふくまれることを意味し，かっこ付の項目は複数の分類に分割されることを示している．例えば，神社費にはその大修理費も含まれるとの想定の下で，80% を政府消費，20% を政府投資に配分している．この表に示された配分率についてはなお異論もあり得るであろうが，当面このような基準で作業をおこなうことにした．同表は，極めて限られた年次についての例であるが，この表より台湾・朝鮮両総督府の支出に関する分類基準の大すじを読みとることは可能であろう[5]．

　既述のように，朝鮮の地方財政の分類はかなりあらいものであり，それにもとづいて上記の 4 分類をおこなうには若干の誤差を覚悟せざるを得ない．本論では第 4・2 表に例示されたような基準にもとづいて分類をおこなっているが，かなり恣意的であるとの批判をまぬがれることは出来ないであろう．しかし，この推計を改良するには，地方政府財政に関する詳細なデータが要求されることになるが，当面その入手が期待出来ないので暫定結果を利用していくことにした．第 4・3 表は，このようなプロセスを通じて計算された台湾および朝鮮総督府の分類結果が年度系列として示されている．同表では政府企業への支出が総督府財政支出の中で極めて大きな比重をしめていることに気がつく．これらの支出は，鉄道，郵便，専売事業等のための経常支出によってしめられており，これに対応する形でこれら事業よりの収入が総督府の歳入として計上されている．このように，当時の総督府の経済活動のかなりの部分は公企業運営にあて

第4・1表 政府支出の分類例(台湾総督府, 1936年)

	政 府 消 費	政 府 投 資	政 府 企 業	移 転 支 出
経常部	神社費(0.8), 総督府・俸給, 同・事務費, 同・教科書費, 同・度量衡費, 気象台費, 同・米穀統制資料調査費, 同・商品陳列館費, 同・獣疫血清製造費, 同・公費(0.7), 同・機密費, 地方庁・俸給, 同・事務費, 同・保安費, 同・請願巡査及警手費, 同・機密費(0.7), 同・海港検疫費, 税関全費目, 法院全費目, 刑務所, 警察官及刑務官練習所・全費目, 医院・全費目, 中央研究所・全費目, 教育費・全費目(0.9), 糖業試験所・全費目, 社会事業費・全費目(0.6), 気象台・全費目, 諸支出(0.7)	神社費(0.2), 諸支出(0.1)	交通局・全費目, 専売局・全費目, 営林費, 森林費, 全費目, 諸支出(0.1)	総督府・米穀自治管理補助, 同・公費(0.3), 同・機密費(0.3), 地方防空委員会補助, 地方庁・機密費(0.3), 地方庁・全費目(0.1), 教育費・全費目(0.1), 恩給費負担金, 国債整理基金特別会計繰入, 社会事業費・全費目(0.4), 諸支出(0.1)
臨時部	調査及試験費(0.5), 勧業費, 阿片ゆ者矯正費	事業費・全費目, 営繕費・全費目, 調査及試験費・全費目, 災害費・全費目		補助金・全費目

(注) 1. 紙数の制約上, 1936年についての特殊かし小項目については上表に記入しなかった.
2. ( )内は配分率. かっこのないものは, 配分率は1である.

第4・2表 朝鮮地方財政支出の分類基準例(1925年:道財政)

政 府 消 費	政 府 投 資	移 転 支 出
衛生費(0.8), 勧業費(0.5), 授産費(0.8), 教育費, 社会事業費, 事務費, 其他(0.8), 道会議費	土木費, 新営費	衛生費(0.2), 勧業費(0.5), 授産費(0.2), 社会事業費(0.2), 恩賜金繰戻金, 道債費, 其他(0.2)

第4・3表　総督府財政支出の構成比

	(A) 台湾					(B) 朝鮮			
	歳出総額(千円)	構成比(%)				歳出総額(千円)	構成比(%)		
		政府消費	移転支出	政府資本形成	政府企業支出		政府消費	移転支出	政府資本形成	政府企業支出
1897	10,487	15.31	9.21	36.44	39.04	1910	18,257	88.48	—	1.40	9.63
98	10,662	15.86	7.55	37.12	39.47	11	46,172	39.16	4.88	35.85	20.10
99	16,324	25.46	5.52	36.06	32.96	12	51,781	39.09	6.13	34.36	20.43
1900	21,475	19.94	6.16	42.59	31.31	13	53,454	44.72	6.19	28.52	20.57
01	19,364	21.35	7.05	31.23	40.36	14	55,100	45.54	6.79	26.30	21.37
02	18,407	26.84	9.51	33.97	29.69	15	56,870	48.19	6.27	22.80	22.73
03	19,109	28.47	5.28	29.43	36.83	16	57,563	45.33	6.01	22.68	25.99
04	18,890	29.06	5.20	24.68	41.07	17	51,172	49.31	6.64	23.94	20.10
05	20,443	18.94	14.74	15.60	50.73	18	64,063	50.89	7.84	28.06	13.22
06	25,334	16.90	13.03	20.87	49.20	19	93,027	53.94	7.12	28.28	10.67
07	27,710	16.89	12.47	24.71	45.93	20	122,221	51.71	8.98	28.18	11.14
08	30,666	17.10	14.64	31.55	36.72	21	118,414	44.80	5.77	31.24	18.19
09	30,189	18.58	16.24	25.00	40.19	22	155,144	46.38	6.64	28.84	18.14
10	41,202	30.59	7.05	24.56	37.81	23	144,768	46.86	6.83	27.57	18.74
11	43,621	30.26	6.84	28.71	34.19	24	134,810	52.43	7.70	17.87	22.01
12	47,189	24.41	6.25	35.41	33.93	25	177,763	39.03	8.83	13.80	38.34
13	44,474	27.02	7.14	26.78	39.06	26	189,470	37.06	7.44	16.51	39.00
14	47,696	31.15	10.70	19.74	38.42	27	210,853	33.14	7.56	19.35	39.95
15	38,250	22.85	13.83	15.37	47.95	28	217,690	33.29	7.41	19.28	40.02
16	42,687	20.24	13.08	18.61	48.07	29	224,740	33.94	8.78	17.61	39.67
17	46,167	19.12	11.73	22.17	46.98	30	208,724	38.24	8.50	13.18	40.08
18	55,335	20.09	16.01	21.36	42.54	31	207,783	36.51	9.33	14.31	39.85
19	72,323	22.39	14.42	20.97	42.22	32	214,495	35.01	9.15	16.72	39.12
20	95,334	19.25	14.56	22.15	44.04	33	229,224	31.68	9.61	17.62	41.08
21	94,520	29.04	7.24	27.27	36.45	34	268,349	32.26	9.59	17.45	40.70
22	96,347	26.92	7.12	22.70	43.26	35	283,959	30.59	10.21	17.98	41.22
23	87,739	29.49	8.98	13.94	47.59	36	324,472	29.82	8.95	21.20	40.03
24	86,862	29.75	9.37	11.72	49.16	37	407,027	27.02	8.21	26.76	38.02
25	87,771	28.37	9.10	11.71	50.81	38	500,526	26.08	7.58	29.46	36.87
26	91,941	28.22	14.30	11.82	45.67	39	680,068	22.58	6.70	35.01	35.72
27	101,533	27.40	12.42	17.36	42.83	40	813,516	21.56	8.69	32.31	37.44
28	109,109	26.86	12.45	17.69	42.99						
29	122,295	26.59	13.91	17.38	42.12						
30	109,971	29.14	12.54	17.55	40.76						
31	99,060	29.63	14.34	15.42	40.61						
32	97,240	29.85	13.89	16.32	39.93						
33	102,221	28.77	13.39	15.81	42.04						
34	112,177	26.65	13.74	15.15	44.46						
35	123,944	25.46	14.58	16.37	43.59						
36	133,939	24.39	14.71	16.48	44.42						
37	156,445	25.22	12.42	17.60	44.76						
38	183,407	30.90	10.49	16.01	42.60						

られており，予算・決算の大きさをみる場合，この点に対する配慮が必要であろう．政府投資の大きさは統治初期の段階で大きな値をとっている．これは，行政推進のための政府建物の確保(新築のほか民間よりの購入を含む)のための先行投資的な性格のものであり，統治の後半ではその比率は20％以下に下降している．一方，移転支出は，台湾のほうが高い比率をもっている．これは殖産関係の補助金への支出の差によるものと考えられる．

　同様な作業は，地方財政についてもおこなわれた．これらの数字をすべて示すことは紙数の制約上困難であるので，3年次についての数字が第4・4表に示されている(ここで，台湾の数字が1920年代以降に限定されているのは，地方政府財政の統計が1910年代以前について得られないためである)．まず，その支出総額を台湾・朝鮮両総督府のそれと対比してみると，年の進行とともに地方財政の比重が増大していることがわかる．また，当然のことながら，地方財政の構成が政府消費と移転支出が中心であり，公企業への支出は無視しうる大きさとなっている．朝鮮の地方財政については，「学校組合」の支出をどのように処理すべきかという問題が残されるが，今回の作業ではこの部分についての作業はおこなわなかった．

　ここで問題になるのは，このような分割結果が充分使用に耐え得るかどうかをチェックすることにある．このような目的のためには，過去の推計結果と比較してみることであろうが，残念ながらこの種の組織的な研究は見出せない．台湾についてはわずかに，江見康一氏が台湾総督府の投資推計をおこなっている研究が見出されるにすぎない[6]．同氏の推計とわれわれの推計のうちの投資部分を比較してみると，ほとんどの年でわれわれの数字がわずかながら江見推計を上まわる結果となっているが，その差は極めて小さい．また時系列的な変動の形は2者の間でほとんど差がない．一方，朝鮮については，李潤根氏の政府による建設投資の推計があるが[7]，この数字とわれわれの対応する計算結果との間の差も少ない．以上の2論文によるチェックは政府投資についておこなわれたものであるから，他の費目，特に本章で問題となっている政府消費の正確さに言及することは出来ない．しかし，まったく独立におこなわれたこれら

第4・4表　地方財政支出の構成比

(A) 台　　湾

年次	歳出総額 (千円)	構成比(%)			
		政府消費	政府投資	公企業	移転支出
州　費　1921	13,247	49.83	28.46	1.31	20.40
25	12,063	61.91	12.88	0.00	25.21
35	24,128	48.30	24.57	0.00	27.13
庁　費　21	1,357	46.78	32.46	3.80	16.96
25	1,272	53.79	19.10	5.81	21.30
35	2,792	40.83	31.11	4.88	23.18
市　費　21	2,764	42.13	39.40	3.96	14.51
25	5,849	40.30	37.32	4.93	17.45
35	13,961	41.95	39.30	4.88	13.87
街庄費　21	8,476	55.77	24.43	0.00	19.81
25	9,482	45.60	27.58	2.15	24.67
35	13,759	47.59	31.22	1.65	19.54

(B) 朝　　鮮

年次	歳出総額 (千円)	構成比(%)			
		政府消費	政府投資	公企業	移転支出
道　費　1915	2,373	58.96	24.27	0.00	16.77
25	23,214	61.29	19.60	0.00	19.11
35	60,954	52.16	23.83	0.00	24.01
府(一般)費　15	4,735	29.54	9.54	27.80	33.21
25	8,104	35.28	29.36	17.38	17.98
35	77,584	40.98	16.56	9.10	33.36
府(第一部)費　15	—	—	—	—	—
25	—	—	—	—	—
35	4,209	84.73	0.00	0.00	15.27
府(第二部)費　15	—	—	—	—	—
25	—	—	—	—	—
35	1,579	87.76	0.00	0.00	12.24
邑　面　費　15	2,856	100.00	0.00	0.00	0.00
25	17,811	77.35	15.47	0.48	6.70
35	25,789	72.03	15.74	0.00	12.23

の作業結果がかなりの類似性をもっていることは，分割作業の「客観性」を考えるうえで充分注目されなければならない．

さて，このようにして推定された政府消費および政府投資を再掲してみると第4・5表が得られる．すでに述べたように，総督府の財政支出についての系列は日本統治以来得られるけれども，台湾の地方政府の数字は日本統治の後半の時期にしか得られていない．したがってGNEの一部としての政府消費や政府投資を推計するには，これら地方政府についての欠落部分を補充しなければならないが，現在のところこの部分についての情報を得ることが出来ない．そこで，データの得られる部分について，全政府の支出と総督府の支出の比率Rを時系列的に計算し，t時点のRの値$R(t)$とtとの間に

$$\log_e R(t) = a + bt \tag{4.1}$$

を最小二乗法で計算した．このとき政府消費および政府投資ともbの推定値は負となる．これは総督府のおこなっていた行政業務が逐次地方政府に移管されていったことを背景としているのであろう．この計測結果を利用して，地方政府の数字が得られない時点のRの値を補外し，その値を総督府の推計値に乗じて全政府の支出を「推計」した．この作業がかなり大胆なものであることは充分承知しているが，第1次試算としてはその種の計算をすすめざるを得なかった．「推計」は時点がさかのぼるほどより多くの誤差を含み得ることに注意されたい．この「推計」結果は，第4・5表の全財政欄にかっこを付して記入してある．

次に戦前期に関する政府消費デフレーターの作成方法について述べておく．この指数の作成にあたっては人件費・物件費別にデフレーターを算出し，総督府決算の支出構成による3種のラスパイレス式をリンクすることによって計算した．計算に使用されたウェイトおよび計算期間は第4・6表(A)に示されている．まず，物件費に対する支出構成は品目別ウェイトを戦前期について得ることはほとんど不可能であるので，やむを得ず戦後日本の政府消費デフレーターのウェイト[8]を若干修正することによってわれわれのウェイトを計算した．この方式によるウェイトおよび対応する物価指数は第4・6表(B)に示されている．

第4・5表 名目政府消費・政府投資の推計

(A) 台湾

	政府消費		政府投資	
	全政府	うち総督府	全政府	うち総督府
1897	(2,028)	1,606	(4,145)	3,821
98	(2,148)	1,691	(4,312)	3,958
99	(5,311)	4,156	(6,443)	5,886
1900	(5,505)	4,282	(10,060)	9,146
01	(5,348)	4,134	(6,686)	6,047
02	(6,432)	4,940	(6,951)	6,253
03	(7,129)	5,440	(6,288)	5,624
04	(7,241)	5,489	(5,244)	4,662
05	(5,143)	3,872	(3,610)	3,189
06	(5,725)	4,281	(6,024)	5,287
07	(6,303)	4,680	(7,856)	6,847
08	(7,114)	5,244	(11,182)	9,675
09	(7,666)	5,609	(8,789)	7,547
10	(18,355)	12,604	(11,879)	10,119
11	(18,316)	13,200	(14,826)	12,524
12	(16,109)	11,519	(19,957)	16,710
13	(16,940)	12,017	(14,356)	11,910
14	(21,114)	14,857	(11,459)	9,415
15	(12,524)	8,740	(7,228)	5,879
16	(12,486)	8,640	(9,870)	7,944
17	(12,867)	8,827	(12,848)	10,235
18	(16,348)	11,117	(15,022)	11,820
19	(24,026)	16,193	(19,508)	15,166
20	(27,479)	18,352	(27,506)	21,116
21	40,705	27,449	33,268	25,776
22	40,440	25,937	29,140	21,871
23	40,995	25,874	17,827	12,234
24	40,994	25,841	15,382	10,180
25	39,734	24,901	15,104	10,278
26	42,618	25,946	15,620	10,867
27	44,800	27,820	23,363	17,626
28	46,741	29,307	25,812	19,301
29	50,816	32,518	28,802	21,255
30	48,644	32,046	28,107	19,300
31	47,342	29,351	24,132	15,275
32	47,321	29,026	25,760	15,870
33	48,855	29,409	27,682	16,161
34	53,352	29,895	28,755	16,995
35	56,755	31,556	36,870	20,290
36	64,620	32,668	41,673	22,073
37	77,467	39,455	49,193	27,534
38	96,775	56,673	49,894	29,363

(B) 朝鮮

	政府消費		政府投資	
	全政府	うち総督府	全政府	うち総督府
1910	16,469	16,154	559	256
11	18,720	18,081	17,188	16,553
12	23,889	20,241	18,776	17,792
13	28,212	23,905	16,172	15,245
14	29,980	25,093	15,481	14,490
15	32,239	27,406	14,084	12,966
16	31,018	26,093	14,321	13,055
17	31,335	25,233	13,512	12,251
18	40,529	32,602	19,978	17,976
19	61,272	50,179	29,055	26,308
20	83,800	63,200	40,612	34,442
21	76,536	53,049	42,768	36,993
22	98,676	71,956	53,832	44,744
23	96,179	67,838	49,448	39,913
24	99,246	70,681	33,799	24,091
25	100,362	69,381	34,226	24,531
26	93,146	70,218	41,806	31,281
27	109,501	69,877	51,964	40,800
28	112,977	72,469	53,738	41,971
29	118,416	76,277	52,565	39,577
30	121,221	79,816	40,462	27,510
31	122,692	75,862	54,541	29,734
32	127,880	75,095	66,132	35,864
33	130,756	72,618	73,331	40,389
34	150,099	86,569	72,644	46,827
35	150,188	86,863	72,607	51,056
36	165,739	96,758	94,112	68,788
37	174,446	109,979	149,660	108,920
38	209,634	130,537	187,337	147,455

第4・6表　政府消費デフレーターのウェイト

(A) 人件費・物件費比率

	ウェイト作成の年次	指数の算出期間	ウェイト 人件費	ウェイト 物件費
台湾	1909-11	1903-20	0.526	0.474
	1919-21	1920-30	0.372	0.628
	1929-31	1930-38	0.316	0.684
朝鮮	1911-13	1913-20	0.256	0.744
	1919-21	1920-30	0.262	0.738
	1929-31	1930-38	0.225	0.775

(B) 物件費の内訳

目的別支出	ウェイト	採用系列	
食　　　料	0.041	消費者物価指数	・食料費
衣　服・繊　維	0.038	同　上	・被服費
木　　製　　品	0.038	輸移入物価指数	・木製品
紙　　製　　品	0.043	同　上	・紙製品
医　　薬　　品	0.186	同　上	・医薬品
揮発油・石油	0.110	同　上	・石　油
金　属・機　械	0.081	同　上	・機　械
建　設・修　理	0.097	消費者物価指数	・家修理
旅　　　　　費	0.160	同　上	・交通費
電信・電話・通信	0.111	同　上	・通信費
石　　　　　炭	0.028	同　上	・石　炭
電　　　　　気	0.067	同　上	・電　気

　一方，人件費については職種別の雇用人員および支払俸給総額が総督府について示されているのでその平均賃金を指数化することにした．台湾については，尾高煌之助氏によってまとめられたデータがあるので[9]，その中から奏任官，判任官，および台湾人雇員の平均賃金指数を作成し，第4・6表(A)に対応する年次の人数(類似職種の人員を含む)で加重した．朝鮮についても対応する統計数字が『朝鮮総督府統計年報』より得ることが出来るので，同様の作業をおこなった．第4・7表には，以上の手続をへて求められた政府消費デフレーターが示されている．台湾については，1903年以降の数字しか示されていないが，こ

第4・7表　政府消費デフレーターの推計(1934-36年平均＝100)

	台湾			朝鮮		
	平均	人件費	物件費	平均	人件費	物件費
1903	53.58	42.63	61.83			
04	55.08	42.23	66.93			
05	56.71	42.88	70.22			
06	58.25	44.12	71.96			
07	58.56	44.75	71.51			
08	58.34	45.01	70.31			
09	58.77	44.58	72.45			
10	52.99	37.28	71.57			
11	53.72	38.38	71.30	62.28	—	—
12	55.59	40.17	72.81	67.57	—	—
13	58.78	41.42	79.23	66.67	48.37	77.22
14	59.05	41.48	79.88	65.58	47.65	76.07
15	60.04	42.92	79.64	66.66	46.92	78.01
16	63.04	42.67	88.71	80.50	51.59	96.99
17	67.98	43.14	101.80	89.82	50.35	112.17
18	74.56	44.28	118.11	105.97	49.40	137.83
19	82.94	47.13	135.95	109.87	54.19	141.27
20	125.74	101.48	146.95	134.46	95.03	154.01
21	124.36	102.46	143.53	119.00	97.36	131.46
22	117.01	105.37	127.40	119.13	98.04	131.28
23	114.51	105.65	122.48	115.67	99.21	130.78
24	109.38	96.82	120.49	116.72	96.38	126.80
25	101.13	100.25	120.64	114.08	103.87	124.13
26	109.97	101.90	117.17	109.55	103.57	120.14
27	108.44	101.08	115.14	108.02	104.00	112.76
28	112.39	109.05	115.65	109.37	104.38	112.26
29	107.65	103.01	112.52	108.02	104.62	109.99
30	102.34	101.58	103.34	104.19	104.22	104.19
31	97.15	102.02	95.48	95.55	100.83	94.68
32	97.35	101.28	96.13	96.95	100.08	96.05
33	100.31	101.61	100.33	102.59	99.40	103.52
34	99.01	96.85	98.74	102.03	99.89	102.67
35	99.12	101.47	98.64	99.48	100.04	99.32
36	101.88	101.68	102.62	98.48	100.07	98.02
37	114.56	94.42	124.73	106.61	102.34	107.86
38	125.41	94.16	140.85	112.89	102.34	115.96

れは，物件費関係の指数が不足していることに由来している．

　政府消費の戦前・戦後比較にあたっては，まずそのデフレーターを作成しなければならない．政府消費デフレーターは，既述のように人件費と物件費より構成される．まず，台湾については物件費について貴重な指数が発表されている．この指数は，中華民国政府による「台北市機関辦公用品価格指数」と呼ばれるものであり，1937年基準の指数が公表されている[10]．この指数がわれわれの目的に最適なものであるかどうかについてはなお検討が必要であろうが，暫定指数としては充分使用に耐え得るものであろう．一方，人件費の指数としては，台湾人都市工業労働者の名目賃金指数で代用した[11]．2者を総合するためのウェイトは，第4・6表の最終期間の比率を利用している．比較は，データの性格上1937年基準指数を作成した後，それを1934-36年平均に換算した．一方，戦後の台湾については，国民所得勘定のための政府消費デフレーターが1951年以降発表されているので[12]，これにリンクすれば戦前・戦後の実質政府消費の比較は可能となる．

　次に，韓国については，政府消費に対するインプリシット・デフレーターが1953年以降発表されている[13]．かくてわれわれの作業は台湾の場合と同様戦前基準指数を作成すればよい．人件費のデータは『第1次国富統計調査総合報告書』の数字を，物件費は同報告および第1章，第3章で採用した指数を利用して計算した．その結果は第4・8表に示されている．

第4・8表　戦前基準政府消費デフレーター（1960年値）
（1934-36年平均＝0.001）

	台　湾	韓　国
人件費	1251.7	128.16
物件費	1118.3	154.62
平　均	1160.4	148.67

〔注〕台湾新元およびウォンについてこのデフレーターを利用するには，各々40,000倍，1,000倍する必要がある．

§4.3 若干の分析

さて、以上の推計結果を利用して若干の分析をおこなってみよう．最初に問題となるのは，実質政府消費および実質政府投資の動向であろう．政府消費の実質化にあたっては，第4・7表に示されたデフレーターを使用した．この指数は本来総督府による政府消費に対応するように作成されたものであるから，地方政府による政府消費の実質化に応用するには若干の問題はある．しかし，この点を無視して実質化系列を作成してみると第4・1図が得られる．同図では縦軸が対数値でとられているから，トレンドの勾配は成長率に対応する．

ところで同図をみると，総督府財政による政府消費ののびに比較して，全政府消費のそれが上まわっている．特にその傾向は1920年代後半～30年代においていちじるしい．これは，台湾においては州，朝鮮においては道財政のしめる役割の上昇に負うところが多く，民生費，殖産費の分野で明確にみられる．そのような現象は，行政組織の発展にともなって発生する一般的現象と考えられるので，ここで細述は必要とすまい．

第4・1図 実質政府消費の推移(1934-36年平均価格)

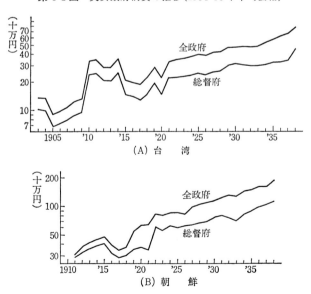

(A) 台 湾

(B) 朝 鮮

第4・1図をみると，台湾・朝鮮とも比較的スムーズな政府消費の増加がみられる．しかし台湾については1909-14の6年間について異常な山を観測することが出来る．前節で述べたように，1920年以前の台湾地方財政の数字は，総督府の数字からの間接推計よりなっているからその原因は台湾総督府の支出構造に求めなければならない．そこで原資料までさかのぼってみると，その山の主要因が「理蕃費」，「勧業費」に見出される．台湾総督府『台湾事情　大正十三年刊』，1924年，第5章によれば，山岳地域居住民による「反乱」対策のため中央政府の財政援助のもとにこの時期に集中的な対策費が支出されていることがわかる．

　その他の時点における台湾および朝鮮の全期間とも比較的スムーズな増加がみられる．そこで，1915年以降の台湾および朝鮮の名目および実質政府消費について平均成長率を最小二乗法であてはめてみると，第4・9表の結果が得られる．ここで示された実質成長率は，第1章の実質賃金の成長率や第3章の資本形成のそれよりもかなり低い．一方，台湾・朝鮮の2者を比較してみると，朝鮮の成長率は高いが全額では台湾におよばない．試みに1935年の1人当り政府消費(名目額)を計算してみると，台湾10.67円，朝鮮7.11円という数字が得られる．もっとも，この数字から直ちに住民の「利益」を比較することは出来ない．政府消費の中には，衛生費等の住民福祉と密接に関連ある支出とならんで，神社費等の支配者にとってのみ価値を見出し得る費用を含んでいるからである．そしてこの種の疑問に答えるための分析は別の視点からすすめられる必

第4・9表　政府消費・政府投資の成長率(単位：％)

		名目		実質	
		政府消費	政府投資	政府消費	政府投資
全政府	台湾(1903-38)	7.51	5.46	4.81	2.88
	台湾(1911-38)	6.49	4.53	4.08	3.57
	朝鮮(1911-38)	8.04	7.89	6.48	5.61
総督府	台湾(1903-38)	6.58	4.08	4.02	1.49
	台湾(1911-38)	5.40	2.93	2.98	1.97
	朝鮮(1911-38)	6.27	6.38	4.74	4.09

第4章　実質政府消費推計と財政支出

要があろう.

　次に本章の主目的より若干はずれるが, 政府投資の動向にふれておくことにしよう. 政府投資には民間よりの固定資本(土地を含む)の購入をその一部としていること, 民間投資に比較して建設投資の比重が大であること等から, それに使用されるデフレーターは当然第3章のものとはことなっているべきである. しかし, ここでは第1次近似として第3章の数字をそのまま利用して実質化してみると第4・2図が得られる. 同図をみると, 台湾・朝鮮ともかなりはげしい周期的な変動が観察される. 政府投資はかなり多面にわたっているので, これらの変動を詳細に分析することは出来ないけれども, 財政項目から読みとり得る原因は, (1)災害復旧事業, (2)鉄道建設, (3)其他施設の建設, に分類出来よ

第4・2図　実質政府投資の変化

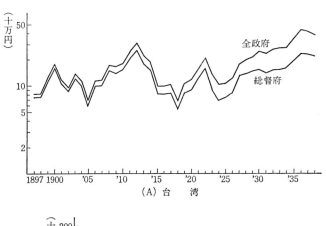

(A) 台　湾

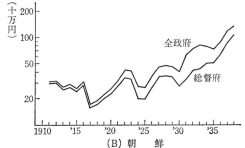

(B) 朝　鮮

う．まず，台湾および朝鮮の政府投資の変動のかなりの部分は災害復旧のための支出によって説明出来る．すなわち，朝鮮の1927-29年にわたる投資増加の大半および，台湾の1908-13年，1917-21年の山の一部はこのタイプの支出増に負っている．

しかし，第4・2図の投資変動がすべてこのような偶然的事象によってのみ説明し得るわけではない．1907-14年の台湾投資の増大は後藤新平総督のいわゆる積極政策によるものであるし，1927-30年の山は嘉南大圳工事によるものである．これに対して，朝鮮に対する政府投資は日本統治初期においては比較的少なく，1925年以降増大の傾向を示している．しかも，この時期の投資増は当時「北鮮開拓費」，「金銀鉱山開発費」等と名付けられていた特殊なものであり，民衆の福祉には関係のうすいものが多かったことに注目する必要があろう．

次に興味あるテーマは，政府消費，政府投資の水準について戦前・戦後比較をおこなってみることであろう．いうまでもなく，戦前期と戦後期では政府の役割は大きく相違しているから，単純な数字上の比較だけでは充分ではない．しかし，この種の試みは，戦前の政府消費の状況を実感として把握するのに役立つであろう．第4・10表は，1960年の実質政府消費と実質政府投資を，1935年値と比較したものである[14]．この結果は，台湾・韓国間にかなりいちじるしい対照を示している．すなわち，台湾においては1人当りベースでみてかなりの上昇がみられるのに対して，韓国においては1960年においてなお戦前水準には達していない．もっとも，韓国経済は1960年代中期より急成長をとげているから，現在の水準が戦前値をこえていることはうたがいない．しかし，第

第4・10表 実質政府消費・政府投資の戦前・戦後比較(1935年価格)

	総額(千円)		1人当り(円)		同 指 数	
	台 湾	韓 国	台 湾	韓 国	台 湾	韓 国
政府消費 1935年	56,755	150,099	10.67	7.11	100	100
1960年	202,650	143,320	18.78	5.73	176	80
政府投資 1935年	36,870	72,607	6.94	3.44	100	100
1960年	114,492	53,862	10.61	2.16	152	63

〔注〕1935年の韓国の値は全朝鮮に関するもの．

第4章 実質政府消費推計と財政支出

4・10表の数字は戦前の行政の水準を知るうえでかなり参考となり得るであろう．

1) 本章の結果の主要な部分は，拙稿「日本統治下における台湾・朝鮮の実質政府消費の推計」『一橋論叢』第71巻第6号，1974に発表されている．同論の作成に当たり江見康一氏に多くの御教授をたまわったことを付記し感謝の意を表する．
2) 軍事費を無視することは，戦時期における台湾・朝鮮のGNE推計値を低める方向に作用する．特に，個人消費がコモディティ・フロー法によらない場合，この傾向が強い．
3) 戦後の台湾の官吏には現物給与がある等かなり複雑な面が多いことも本文の近似法を採用した理由の1つである．
4) この節はかなり統計技術的な解説よりなっているので結論のみに興味ある読者はとばしてもさしつかえない．
5) これら分割方式の詳細は，一橋大学経済研究所統計係「統計加工シリーズ」として発表を予定している．
6) 江見康一「台湾の資本形成」(篠原三代平・石川滋編『台湾の経済成長』アジア経済研究所，1971)．
7) 李潤根「韓国国民所得推計와 그内容」(趙璣濬他『日帝下의民族生活史』民衆書舘，1971)．
8) 経済企画庁編『昭和40年基準・改訂国民所得統計(推計資料)』同庁，1970．
9) 一橋大学経済研究所統計係『台湾官業の雇用と賃金 1897-1938』(謄写印刷)，1969．この未発表資料の利用を許可された尾高氏に感謝の意を表する．
10) 台湾省政府主計処『台湾物価統計月報』同処，1959年12月号参照．
11) 名目賃金指数は，尾高氏によって作成された戦前値とILO, *Year Book of Labour Statistics 1965*, ILO, 1965の数字を比較した．
12) 行政院主計処編印『中華民国国民所得 1973』同処，1973，pp.146-149．
13) Bank of Korea, *National Income Statistics Yearbook, 1971*, The Bank, 1971, pp.102-103．
14) 政府投資の比較のためのデフレーターは第3章のものを利用した．なお，戦後の韓国の政府投資からは公表データを利用して軍事用を除外し，台湾については韓国の比率を利用して軍事用を「推計」した．

第5章　総合分析への布石

§5.1　GNE指標の作成

　本書の目的は，序文において述べたように，台湾および朝鮮の長期経済発展研究のための基礎データの整備をおこなうことにあった．このためにGNE各項目に対する若干の推計と分析をおこなってきた．これらの過程で，「かなり強引である」仮定をおいている部分があることも筆者自身認めざるを得ない．その1つの原因が，データの不足にあることは事実である．しかし，データの不足下においても，各種情報の存在をよりていねいにチェックしていけば，より合理的な諸仮定の下で推定をおこなうことが出来るはずである．このような努力は今後もつづけなければならない．しかし，「たとえ暫定的なものであっても，一応のわく組みを示す推定結果を与えておくほうが今後の諸研究にとって便利であろう」という発想が本書の出版を支えてきた．

　このような状況の下で，あまり総合的な分析をすすめるにはよほど慎重でなければならない．しかし以上のようにGNE各要素の動向がある程度までわかってくると，実質GNEの大まかな動向をつかみたくなるのは「人情」であろう．以下作成される実質GNE指標は，このような背景の下で計算されたものであるので，厳密な統計分析等の使用に耐え得るものではない．しかし，在来個々の「木」の分析に限定されていた台湾・朝鮮の戦前経済研究に，おぼろげながらも「森」の輪郭を示し得る程度の効果は考えられよう．

　ところで以上の記述でわれわれは「GNE指標」の推計という言葉を用いてきた．これは，これまで使用して来たデータの性格上，GNE総額の推計と呼ぶにはあまりにも危険であるとの考慮にもとづいている．例えば，政府消費の推計はほぼ100％のカバレッジをもっていると考えられるが，第3章でおこなった資本形成の推計では住宅投資がおそらく過小評価されていると考えられることなどから全投資額をカバーしているとはいえない．したがって，名目額に

ついても，各推計を単純に合計した結果がGNEの推計であると主張するにはあまりにも問題が多い．しかし，以下の作業結果はGNEの大まかな動向を示す尺度にはなり得るであろう．

GNEの主要項目は，(1)個人消費支出，(2)政府消費支出，(3)設備投資，(4)建設投資，(5)在庫投資，(6)海外からの純所得の6分類よりなっている．このうち(2)-(4)については，若干の問題を含みながらも一応の推計がおこなわれており，対応するデフレーターも算出されている．(1)については，デフレーターは計算されているが，消費支出そのものは推計されていない．ただ，家計の消費水準の動向を示す指標としては，名目賃金の値が一応計算されている．(5)については，まったく検討がおこなわれていないが，そのGNEにしめる割合はそれほど大とは思われないから，第1次試算では計算の対象外におく．(6)については，第2章で述べたように，山本有造氏による興味ある研究が進行中であるが，現在直ちに利用し得る状況ではないので，貿易外の所得——例えば運賃収入等——は無視し，輸移出と輸移入の差を採用した．このようにみてくると，最も困難な作業は個人消費の計算にあることがわかる．

まずGNE指標で中心的役割をはたすと考えられる個人消費の主体をなす家計消費の「推計」をおこなってみよう．この推計は，(イ)特定年次について消費支出推計をおこなうことと，(ロ)その値を賃金指数を利用して時系列的に延長するという2段階の作業に分割することが出来る．(イ)の作業としては「家計調査」および「農家経済調査」が利用される．すなわち，台湾については1937-38年の勤労者世帯の家計調査[1]があり，日本人・台湾人別に所得および消費支出が計算されている．このデータから求められる1世帯当り消費支出を都市製造業の名目賃金指数で1935年値に換算し，年額に修正してみると，日本人世帯1,130円，台湾人世帯833円という数字が得られる．一方，農家については，1931-34年の農家経済調査[2]の結果を利用して同様の計算をおこなうと，日本人世帯と台湾人世帯平均760円という結果が得られる．無業世帯の消費水準に関する情報はないので，農家世帯の50%という数字を仮定する．一方，1935年における日本人・台湾人別，農家・非農家別，有業者・無業者別の世帯数分

第5章 総合分析への布石

布は『台湾総督府統計書』より得ることが出来るから[3]，これを前述の世帯当り消費支出に乗じて計算してみると，1935年の台湾の消費支出は総額754,592千円(1人当り153円)という数字が得られる．試みに，篠原三代平氏によって計算された日本の1人当り消費支出は1935年において190円であるから，台湾のそれは日本の約80%ということになる．

　この結果を過大と考えるか過小に評するかは判断のわかれるところであろう．しかし，われわれの推定法が相反する2つの可能性をひめていることは明記しておく必要がある．戦前の家計調査や農家経済調査は代表的な勤労者または農家を選択しているとされているが，その選択は所得分布上でやや上層にかたよっているとされている．一方，われわれの推定が過小となるという要因もみのがせない．以上の作業では非農個人業主世帯の消費水準を勤労者のそれで代用しているが，おそらくは若干の過小評価の原因となるであろう．更に，家計調査よりの推計はコモディティ・フロー法に比してやや過小の結果が得られることをわが国に関する分析が示している．いずれの効果が大であるかは今後の研究にまちたい．

　次に，この1935年値を補外するための指数は，日本人・台湾人別の製造業および台湾人農業の名目賃金指数から加工される．すなわち，対応する1935年の消費支出を3種の名目賃金で延長した後，各年の世帯数を乗じれば有業者世帯に対応する名目消費水準の近似値が得られる．一方，無業世帯の消費水準の変化は農家のそれに比例すると想定する．

　以上のような推計方法には，いくつかの問題がある．第1に，個人業主所得が賃金指数によって延長されていることである．特に，台湾・朝鮮の人口構成において大きな比重をしめる農家世帯の所得が農業労働者の賃金によって代表せしめ得るかについては議論の余地がある．すなわち当時の農家所得は労賃部分と地代部分に分割出来，前者はおそらくは農業賃金によって代表せしめ得るであろう．しかし，後者の時系列変動は労賃の変化にかならずしも比例するという保証はない．例えば，不況期には名目賃金は大きく変化するが地代部分は比較的安定しているかもしれない．1つの方法は，地代についての統計を利用

第5・1表　名目 GNE 指標（単位：千円）

(A) 台　湾

	個人消費	資本形成		政府消費	輸移出	輸移入	計
		設備投資	建設投資				
1903	191,986	1,142	3,490	5,440	20,716	22,204	200,570
04	181,920	1,176	3,638	5,489	22,718	22,746	192,195
05	174,826	1,764	3,280	3,872	24,292	24,448	183,586
06	191,127	1,205	4,558	4,281	28,039	28,371	200,839
07	216,066	3,904	9,864	4,680	27,376	30,971	230,919
08	223,972	8,839	10,461	5,244	33,721	38,002	244,235
09	234,273	3,988	8,900	5,609	47,998	36,598	264,170
10	269,961	8,190	10,877	12,604	59,962	48,924	312,670
11	277,927	8,623	13,117	18,316	64,840	53,295	329,528
12	297,085	4,650	17,404	16,109	62,791	62,632	335,407
13	304,329	2,451	15,736	16,940	63,389	60,859	341,986
14	307,460	2,017	11,856	21,114	58,720	52,913	348,254
15	304,459	2,373	11,226	12,524	75,623	63,410	342,745
16	311,132	7,854	15,731	12,486	112,347	65,022	389,528
17	374,115	5,511	35,293	12,867	145,804	88,887	484,703
18	440,245	9,281	51,016	16,348	139,356	104,220	552,026
19	666,479	12,959	63,277	24,026	177,830	154,705	789,866
20	847,167	16,835	127,778	27,479	216,265	172,437	1,063,087
21	759,693	14,370	86,657	40,705	152,439	133,954	919,910
22	686,132	7,774	55,667	40,440	157,864	119,095	828,782
23	659,058	8,440	54,983	40,995	198,594	110,129	851,941
24	673,672	6,916	47,983	40,994	263,674	133,026	900,213
25	712,705	8,505	62,496	39,734	263,215	186,395	900,260
26	767,718	9,703	58,923	42,618	251,425	183,413	946,674
27	811,338	11,326	69,788	44,800	246,677	186,948	996,981
28	859,678	14,834	83,649	46,741	248,418	150,654	1,102,666
29	795,183	15,103	92,047	50,816	271,893	204,911	1,020,131
30	714,795	15,302	71,264	48,644	241,441	168,258	923,188
31	685,450	11,248	61,995	47,342	220,873	145,622	881,286
32	691,835	10,510	73,496	47,321	240,728	164,498	899,392
33	707,338	13,160	81,114	48,875	248,413	185,389	913,511
34	713,146	19,004	89,186	52,352	305,928	215,022	964,594
35	754,592	24,106	113,606	65,755	450,744	263,120	1,145,683
36	797,746	23,096	110,648	64,620	387,949	292,686	1,091,373
37	836,349	31,030	105,783	77,467	440,175	322,124	1,168,680
38	877,686	40,879	128,403	96,775	456,454	366,659	1,233,538

(B) 朝　　鮮

	個人消費	資本形成		政府消費	輸移出	輸移入	計
		設備投資	建設投資				
1911	618,234	4,101	15,633	18,720	19,914	39,783	636,819
12	608,443	5,224	18,813	23,789	18,857	54,088	621,038
13	662,662	5,596	15,609	28,212	20,986	67,115	665,950
14	656,173	4,419	15,503	29,980	31,236	72,048	665,263
15	652,885	3,418	13,349	32,239	35,035	63,695	673,231
16	533,557	4,419	15,110	31,018	50,220	59,695	574,629
17	656,607	9,575	23,281	31,335	57,819	75,134	703,483
18	1,186,149	23,126	35,215	40,529	84,959	104,092	1,265,886
19	1,807,230	26,272	40,173	61,272	155,903	160,425	1,930,425
20	2,386,822	21,235	38,664	83,800	221,947	283,077	2,469,391
21	2,355,688	18,642	44,861	76,536	197,020	249,287	2,443,460
22	2,283,126	19,181	52,807	98,676	218,277	232,382	2,439,685
23	2,248,922	17,832	51,216	96,162	215,404	256,045	2,373,491
24	2,061,799	20,226	37,517	99,246	261,666	265,791	2,214,663
25	2,153,787	17,832	54,060	100,299	329,039	309,593	2,345,424
26	2,154,671	21,120	48,641	103,146	341,631	340,012	2,329,197
27	2,008,167	22,687	71,337	109,502	362,955	372,170	2,202,478
28	2,138,256	28,670	81,467	112,977	358,925	383,417	2,336,878
29	2,027,520	32,150	85,601	118,416	365,979	413,991	2,215,675
30	1,862,802	26,570	75,698	121,221	345,664	423,094	2,008,861
31	1,624,556	17,357	59,468	122,692	266,547	367,049	1,723,571
32	1,620,344	21,160	67,728	127,880	261,799	270,466	1,828,445
33	1,634,409	28,107	72,164	130,756	311,354	320,356	1,856,434
34	1,531,823	37,783	95,766	150,099	368,628	404,185	1,779,914
35	1,764,083	56,338	133,321	150,188	465,367	519,150	2,050,147
36	2,427,930	81,120	187,568	165,739	550,796	659,403	2,753,750
37	2,509,962	87,182	99,857	174,446	593,313	762,417	2,702,343
38	2,033,235	119,954	100,245	209,634	685,543	863,553	2,285,058

してわれわれの推計を補正することであろう．この作業は，将来の研究にゆずりたい．

　第2の問題点は，われわれの延長作業が世帯ベースでおこなわれ，世帯当りの有業人員の変化を無視していることである．この結果生じるバイアスは，おそらくは消費支出の成長率を低く推計する方向に働くであろう．第3に，われわれの推計においては，家計の貯蓄率を一定として作業をすすめている．これらの結果生じるバイアスについての問題点をチェックするためには，コモディ

148

ティ・フロー推定等の別の接近法がとられなければならない．この作業は将来の研究にゆだねたい．

　朝鮮についての名目消費支出の推計もほぼ台湾の場合と同様におこなわれる．ただ，1935年の世帯当り名目消費水準の推計については，主としてデータ上の制約から若干の工夫が必要となる．まず農家世帯については1933年の調査があるが[4]，この調査では消費支出については現金によるものだけが示されている．そこで，1930年の調査[5]から平均貯蓄率を求め，それを前記調査の農家所得に乗じることによって消費支出を算定した．この結果，1935年の1世帯当り消費支出は377円となった．一方，都市世帯についての家計調査は朝鮮には存在しない．そこで，1935年の農家の消費支出の推計値に朝鮮人農業労働賃金に対する日本人・朝鮮人別の製造業労働者の賃金比を利用して修正した．この結果，日本人1世帯当り909円，朝鮮人1世帯当り582円となり，1935年の消費支出の総額は1,764,083千円(1人当り80.6円)となった．1人当り消費支出の値は，台湾の53％，日本の42％となっている．

　名目政府消費，名目資本形成および貿易収支については第2章，第3章，第4章の結果をそのまま利用した．ただ，各データの性格を考慮した場合，朝鮮については1911年以降全期に作業をすすめることが可能であるが，台湾については1910年以前の推計はそれ以後のものと比較して誤差が大であると考えられる．第5・1表には1903年までの数字が一応与えられているけれども，使用にあたってはこの留保に充分配慮されたい．またこの表を利用して台湾・朝鮮の経済成長率等を比較する場合，経済成長率が高かった1800年代の数字が推計されていないことに注意が必要である．朝鮮の数字をみると，日本統治初期の成長率はその後半の数字を大きく上まわっている．一方，台湾の数字のうち，1800年代の数字が得られる貿易や資本形成の数字についてみても同様の結果が得られる．このことを考慮すれば，台湾・朝鮮の全期間にわたる比較にあたって，朝鮮の成長率は若干割り引いて比較される必要があろう．

　第5・1表の名目値を実質化するためのデフレーターは特別のものを作成しないで第5・2表に示したような個別物価指数を利用した．これらは本来の意味で

のデフレーターではないが，GNE 指標そのものに問題がある点をも考慮して大分類ベースのデフレーターを品目ベースまでおりて再計算することはしなかった．しかし，第5・2表の大分類を総合するにあたっては，通常のインプリシット・デフレーターの方式──すなわち加重調和平均方式──が利用されている．例えば，資本形成のデフレーターは，各年の実質建設投資と実質設備投資の合計を対応する名目額で割ることによって求められる．ただ，この方式によると，1934-36年平均がわずかながら100よりへだたることがあるので，その相違分はこの3年間にしわよせした形で修正してある．

第5・2表 実質化に利用される物価指数

大分類	デフレーター	表番号
個人消費	台湾人・朝鮮人消費者物価指数	1・3
政府消費	政府消費デフレーター	4・7
設備投資	設備投資デフレーター	3・14
建設投資	建設投資デフレーター	3・14
輸移出	輸移出物価指数	2・6, 2・7
輸移入	輸移入物価指数	2・6, 2・7

GNE 指標は，第5・3表に示されたように，個人消費（実際は家計消費），建設投資，設備投資，輸移出の合計から輸移入を差し引いたものとして定義される．概念的に通常の GNE と比較すると，非営利法人の消費，在庫投資純増中消費財部分，海外からの純所得が欠落しているほか，減価償却部分が計上されていないことと日本軍の台湾・朝鮮での支出を含む軍事関連費が一切無視されていることに注意されたい．GNE デフレーターは名目・実質 GNE 指標間の比として定義されている．

§5.2 GNE 指標の吟味

ところで，このようにして求められた GNE 指標は極めて暫定的なものであるからあまり詳細な分析をおこなうことは適当ではない．しかし，充分な留保をおいたうえで若干の計算をおこなってみよう．まず考えられるのは，実質 GNE の成長率である．第5・3表から推察されるように，戦前の台湾・朝鮮の

第 5・3 表　実質 GNE 指標(1934-36 年平均価格：千円)

(A) 台　　湾

	個人消費	資本形成		政府消費	輸移出	輸移入	計
		設備投資	建設投資				
1903	386,913	1,943	7,766	10,249	38,200	45,398	399,673
04	334,473	1,845	8,168	9,998	38,388	44,382	348,490
05	305,693	2,593	6,996	6,834	42,144	44,258	320,002
06	334,138	1,750	9,020	7,358	47,824	48,714	351,376
07	376,356	5,283	14,802	8,012	41,043	50,188	395,308
08	371,060	13,024	15,585	9,027	47,090	65,976	389,810
09	363,947	6,820	17,064	9,559	66,488	62,840	401,038
10	387,430	13,024	15,196	23,541	94,922	79,590	454,523
11	369,191	14,062	21,436	33,818	104,817	83,548	459,776
12	363,229	6,569	27,095	28,797	92,722	99,621	418,791
13	383,769	3,583	23,386	28,533	86,965	95,271	430,965
14	395,956	3,039	19,389	35,379	89,937	85,371	458,329
15	417,410	3,019	15,629	20,694	119,016	97,464	478,304
16	397,816	2,946	15,898	19,494	167,532	78,406	525,280
17	388,207	4,312	28,683	18,466	187,361	79,236	547,793
18	367,391	6,229	21,505	21,212	156,545	78,085	494,797
19	447,963	9,269	32,592	27,872	164,490	107,516	574,670
20	636,441	11,284	50,836	21,762	140,807	110,629	750,501
21	645,229	11,294	46,454	32,595	120,277	105,120	750,729
22	627,005	6,584	39,107	34,411	151,895	96,597	762,405
23	613,420	8,015	38,510	35,651	174,114	91,265	778,445
24	586,720	5,889	31,716	37,325	225,420	103,708	783,362
25	595,658	7,104	44,433	35,636	231,703	138,573	775,961
26	659,350	9,272	43,692	38,593	237,552	161,002	827,457
27	742,779	10,784	51,904	41,131	243,704	174,799	915,503
28	773,370	14,243	62,110	41,408	259,607	141,899	1,008,839
29	710,873	14,547	65,967	46,878	293,653	191,363	940,555
30	730,426	16,648	57,485	47,328	283,348	191,137	944,098
31	775,133	13,279	56,837	48,521	321,083	191,936	1,022,917
32	793,662	11,531	71,884	48,395	305,415	199,852	1,031,035
33	770,605	12,879	79,394	48,511	254,235	196,866	968,758
34	758,666	18,677	85,674	53,344	315,065	227,971	1,003,455
35	755,196	24,700	109,553	66,059	475,970	258,239	1,173,239
36	750,396	23,235	120,009	63,155	358,548	281,998	1,033,345
37	741,181	22,324	91,921	67,339	387,410	258,921	1,051,254
38	735,142	28,607	97,801	76,848	386,334	276,786	1,047,946

(B) 朝　　鮮

	個人消費	資 本 形 成		政府消費	輸 移 出	輸 移 入	計
		設備投資	建設投資				
1911	868,306	6,729	28,886	30,779	31,975	74,500	892,175
12	836,003	7,643	33,509	37,869	27,907	95,393	847,538
13	955,120	7,338	27,469	42,316	30,771	112,101	950,913
14	1,027,518	6,894	29,402	45,646	38,943	116,132	1,032,271
15	1,083,986	4,486	26,217	48,363	48,191	102,338	1,108,905
16	809,033	4,617	28,371	38,532	77,800	73,734	884,619
17	810,326	7,514	33,640	34,886	87,898	70,608	903,656
18	1,129,622	16,095	37,971	38,246	125,828	72,206	1,275,556
19	1,290,326	20,201	30,412	55,768	196,574	98,487	1,494,794
20	1,516,020	15,077	23,946	63,264	292,729	154,408	1,756,628
21	1,755,880	14,922	32,570	64,316	257,778	193,246	1,932,220
22	1,658,405	16,261	39,509	82,831	222,527	205,848	1,813,685
23	1,702,826	15,689	40,856	80,646	221,268	226,829	1,834,456
24	1,535,905	17,309	29,062	85,801	250,015	217,096	1,700,996
25	1,593,981	14,850	26,042	85,931	319,983	240,442	1,800,345
26	1,684,126	20,223	38,796	90,415	305,519	283,864	1,855,215
27	1,653,901	21,860	58,671	99,956	331,133	334,084	1,831,437
28	1,801,395	27,830	66,452	103,298	356,288	343,225	2,012,038
29	1,708,824	31,274	71,444	109,624	367,117	377,695	1,910,588
30	1,730,907	29,542	72,002	116,324	354,709	446,679	1,856,805
31	1,773,146	21,026	65,590	127,817	300,538	476,997	1,811,120
32	1,724,871	23,556	78,421	131,903	279,700	323,989	1,914,462
33	1,755,730	27,783	82,278	127,455	377,903	311,449	2,059,700
34	1,609,903	37,308	106,713	147,113	387,255	428,889	1,859,403
35	1,769,391	57,806	132,357	150,973	465,181	511,730	2,063,978
36	2,293,963	80,619	171,237	168,297	528,088	632,157	2,610,047
37	2,181,627	62,138	82,340	163,630	649,210	613,862	2,525,083
38	1,578,231	83,107	73,167	185,698	750,640	653,118	2,017,625

実質 GNE の時系列は景気変動に対応する大きなサイクルをもっており，計算時期に応じて結論が左右される．ただ，1つの目やすとして，台湾については 1903-10 年，1911-38 年，および 1903-38 年，朝鮮については 1911-38 年について指数トレンドを最小二乗法であてはめることによって「平均成長率」を計算してみると第 5・5 表が得られる．同表の結果のうち，まず実質 GNE 総計の値をみると，台湾 3.8%，朝鮮 3.6% という数字が得られる．同年代に対応する日本の数字は大川一司氏による確定数字が最近公表されたが[6]，そこでは 3.5%

第5・4表　GNE デフレーターおよび人口

(A) 台　湾

	デフレーター (1934-36 年平均=100)						人口
	個人消費	政府消費	資本形成	輸 移 出	輸 移 入	総 平 均	(千人)
1903	49.62	53.08	47.77	54.23	48.91	50.29	3,001
04	54.39	54.90	48.14	59.18	51.25	55.26	3,050
05	57.19	56.66	52.67	57.64	55.24	57.49	3,127
06	57.20	58.18	53.58	58.63	58.24	57.27	3,159
07	57.41	58.41	68.63	66.70	61.71	58.53	3,188
08	60.36	58.09	67.55	71.61	57.60	62.78	3,216
09	64.37	58.68	54.03	72.19	58.24	66.00	3,250
10	69.68	53.54	67.65	63.17	61.47	68.93	3,300
11	75.28	54.16	61.32	61.86	63.79	71.82	3,369
12	81.79	55.94	65.59	67.72	62.87	80.25	3,435
13	79.30	59.37	67.52	72.89	63.88	79.51	3,502
14	77.65	59.68	61.93	65.29	61.98	76.14	3,554
15	72.94	60.52	72.75	63.54	65.06	71.80	3,570
16	78.21	64.05	98.75	67.06	82.93	74.31	3,596
17	96.37	69.68	125.48	77.82	112.18	88.66	3,647
18	119.83	77.07	217.69	89.02	133.47	111.79	3,670
19	148.78	86.20	182.35	108.11	143.89	137.73	3,715
20	133.11	126.27	233.09	153.59	155.87	141.94	3,758
21	117.74	124.88	175.16	126.74	127.43	122.78	3,836
22	109.43	117.52	139.02	103.93	123.29	108.93	3,905
23	107.44	114.99	136.49	114.06	120.67	109.66	3,976
24	114.82	109.83	146.17	116.97	128.27	115.15	4,042
25	119.65	111.50	137.94	113.60	134.51	116.25	4,141
26	116.39	110.43	129.73	105.84	113.92	114.64	4,242
27	109.23	108.92	129.56	101.22	106.95	109.12	4,337
28	111.16	112.88	129.15	95.69	106.17	109.52	4,438
29	111.86	108.40	133.25	92.59	107.08	108.68	4,549
30	97.86	102.78	116.92	85.21	88.03	97.98	4,679
31	88.43	97.57	104.59	68.79	75.87	86.33	4,804
32	87.17	97.78	100.84	78.82	82.31	87.41	4,930
33	91.79	100.75	102.30	97.71	94.17	94.49	5,061
34	94.00	98.14	103.81	97.10	94.32	96.32	5,195
35	99.92	99.54	102.71	94.70	101.89	97.85	5,316
36	106.31	102.32	93.49	108.20	103.79	105.83	5,452
37	112.84	115.04	119.90	113.62	124.41	111.40	5,609
38	119.39	125.93	134.09	118.15	132.47	117.95	5,747

(B) 朝　　鮮

	デフレーター (1934-36 年平均＝100)						人口 (千人)
	個人消費	政府消費	資本形成	輸　移　出	輸　移　入	総　平　均	
1911	71.23	60.82	55.57	62.28	53.40	71.25	14,056
12	72.78	62.82	58.58	67.57	56.70	73.14	14,827
13	69.38	66.67	61.10	68.20	59.87	69.90	15,459
14	63.86	65.68	55.04	80.21	62.04	64.33	15,930
15	60.23	66.66	54.77	72.70	62.24	60.60	16,278
16	65.95	80.50	59.37	64.55	80.96	64.84	16,648
17	81.03	89.82	80.06	65.78	106.41	77.70	16,969
18	104.65	105.97	108.21	67.52	144.16	99.06	17,059
19	140.06	109.87	131.65	79.31	162.89	128.90	17,150
20	157.44	132.46	153.93	75.82	183.33	140.31	17,289
21	134.16	119.00	134.09	76.43	129.00	126.22	17,453
22	137.67	119.13	129.45	98.09	112.89	134.26	17,627
23	132.07	119.24	122.46	97.35	112.88	129.14	17,885
24	134.24	115.67	124.88	104.66	122.43	129.96	18,069
25	135.12	116.72	176.31	102.83	128.76	130.03	19,016
26	127.94	114.08	118.54	111.82	119.78	125.31	19,104
27	121.42	109.55	117.09	109.61	111.40	120.04	19,138
28	118.70	109.37	117.15	100.74	111.71	115.93	19,190
29	118.65	108.02	114.96	99.69	109.61	115.75	19,331
30	107.62	104.21	101.00	97.45	94.72	107.99	20,257
31	91.62	95.99	88.95	88.67	76.95	94.99	20,263
32	93.94	96.95	87.41	93.60	83.48	95.33	20,600
33	93.09	102.59	91.36	82.39	102.86	89.96	20,791
34	95.15	102.03	92.99	95.19	94.24	95.55	21,126
35	99.70	99.48	100.02	100.04	101.45	99.14	21,899
36	105.84	98.48	106.99	104.30	104.31	105.31	22,048
37	115.05	106.61	129.83	91.39	124.20	106.82	23,355
38	128.83	112.89	141.31	91.34	132.22	113.04	22,634

程度の実質成長率が得られている．一方，人口の成長率は日本のほうが台湾・朝鮮を下まわっているから1人当り実質 GNE は台湾・朝鮮とも日本を下まわることになる．

このような成長を支える要素別の成長率の吟味にさきだって，GNE 総計の成長率の妥当性を大まかにでもチェックしておくことが望ましい．しかしこの目的に直接答えるような過去の研究は見出せない．ただ，戦前期台湾の経済を支えた農業と工業については石川・篠原両氏による推計がある[7]．これらの推

第5·5表 実質 GNE 指標の平均成長率(単位：%)

	名目			実質		
	台湾		朝鮮	台湾		朝鮮
	1903-38	1911-38	1911-38	1903-38	1911-38	1911-38
個人消費	4.92	3.98	4.61	2.93	3.21	3.12
政府消費	8.42	6.49	8.04	5.83	4.08	6.48
資本形成	9.39	7.54	8.87	6.83	6.55	6.68
設備投資	7.55	7.52	10.12	5.71	6.42	8.99
建設投資	9.99	7.65	8.24	7.26	6.67	5.80
輸移出	8.59	6.87	12.27	6.79	5.53	10.68
輸移入	7.36	6.15	9.93	5.13	4.99	8.40
計	5.73	4.70	5.01	3.75	3.79	3.58

〔注〕1人当りの成長率に換算するには，概算として台湾の場合1.9%，朝鮮の場合2.0%を差し引けばよい．

第5·1図 実質 GNE 指標の変化の比較

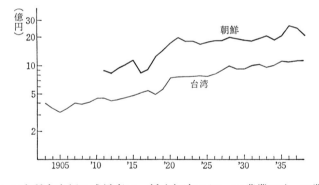

計値による実質生産額の成長率は，対応年次において農業3%，工業6%という結果が得られる．台湾においては農業のしめる比重が極めて大であることを考えると，この推定結果とわれわれの計算は一応コンシステントであるといってよい．一方，朝鮮農業についても石川滋氏の未発表の数字を利用して対応年次の実質成長率を計算してみると[8]，1% という低い数字が得られる．一方，本書第3章に示した朝鮮の鉱工業の平均成長率は9%となっている．朝鮮鉱工業のしめる比重は台湾より大ではあるが，なお農業が経済成長の主体であることにはかわりはないから，われわれの求めた朝鮮に関する実質成長率はやや高す

第5章　総合分析への布石　　155

ぎる感がないでもない．ただ朝鮮の農業生産の成長率は，1930年代後半に発表された収穫統計をどのように解するかによって結論がことなってくる点は注意されなければならない（本書 p.2 参照）．この吟味は，今後も継続される必要があろう．

　ここで，第5・5表に示された GNE 構成要素別の成長率を比較してみると，その間にかなりのばらつきがあることがわかる．台湾・朝鮮のいずれにおいても輸移出の成長率が大であり，他の項目を上まわっている．輸移入のそれもかなり高い比率を示しているが，輸移出のそれにはおよばない．特に台湾のGNE 指標にしめる貿易の比重は朝鮮や日本と比較して非常に大であるから，輸移出の増加が戦前の台湾・朝鮮経済の成長におよぼした効果は極めて大であった．山沢逸平氏は，戦前の日本経済の発展が輸出の増大に大きく負っていたことを説明した後，この現象は本来の「主要生産物理論」(staple theory)が応用されてきた経済発展の形態に類似した作用をもっていることを主張している[9]．台湾の場合は，この理論を準用するまでもなく staple theory そのものの適用が可能であり[10]，同様の接近は 1910 年の朝鮮経済についても可能であろう．ただ，台湾の場合には，この輸移出の増大が米と砂糖という性格のことなった農産物によってまかなわれたため需要側の条件の変化に対してかなり弾力的に対応出来たのに対して，朝鮮の輸出の主力が米という単品であったことが 1920 年代以降の輸移出による経済発展の1つの障害となった．1930 年代後半における朝鮮では鉱産物および一部工業製品の輸移出が米にとってかわる動きを示し，日本経済の発展と類似した形をとりはじめるが，第2次世界大戦の発生はその後の発展を阻止している．

　資本形成の成長率は，貿易の数字についで高い．特に台湾の場合には建設投資を主体とする資本形成の成長率が大である．ただ，この成長率は日本統治初期において高く，1930 年代においては低下の傾向がみられる．一方，朝鮮の資本形成は，日本統治初期においては低く，台湾の場合といちじるしい対象をなしている．ただ，1925 年以降建設・設備投資が増大した結果，全期間の平均成長率は台湾のそれに近くなっている．これは，いわゆる「北朝鮮開拓事業」を

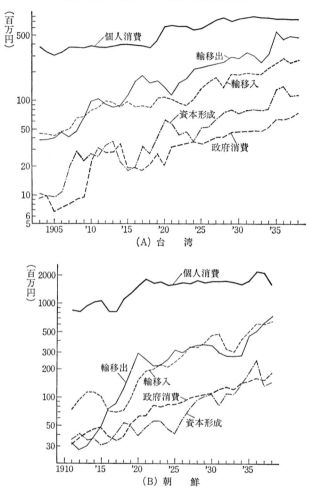

第5・2図 実質 GNE 指標の要素別変化

(A) 台　湾

(B) 朝　鮮

中心とする政府投資と鉱工業に対する民間投資より構成されているが，日本において投資意欲の低かった1925-30年間において資本形成が大幅にのびていることは注目されてよい．

　政府消費は，1910年代の台湾における変動を除けば（この背景については第4章参照），スムーズに増加しており GNE 指標の成長の安定化要因となってい

第 5 章　総合分析への布石

る．特に，朝鮮においては，政府消費の経済発展におよぼした効果を無視することは出来ない．ただ，政府消費の民衆の生活のかかわりあい方については，別の視点からの接近が必要であろう．

　戦前の GNE 要素で最も重要なのは個人消費であるが，台湾・朝鮮とも実質で約 3% 程度の値を示している．ただ朝鮮の場合個人消費の成長が 1910 年代に集中しているのに対して，台湾のそれは全期にわたる成長によるものである点に相違がある．もし，台湾の領有初期において，朝鮮と同じ状況が発生していると仮定すれば，台湾の個人消費の平均成長率は朝鮮のそれを上まわっているとみなし得よう．一方，日本の個人消費の成長率は 1916-36 年間において名目 5.9%，実質 2.8% となっているから，台湾・朝鮮のほうが実質において日本をやや上まわっている[11]．しかし人口の増加率が台湾と朝鮮では 2% 近くを示し，日本のそれを上まわっているので，日本と台湾・朝鮮間の実質消費水準の格差は縮小しなかったとみなしてさしつかえなかろう．

　以上の議論は，比較的長期にわたる平均成長率を中心とし，若干の期間別の成長率についてのコメントを付記することによっておこなわれてきた．そこで一歩すすんで，期間別の相違に注目してみよう．このため，われわれの分析の対象となった期間を 5 年毎に分割し，その前後 3 年の平均値間の相違を分析してみよう．すなわち，その期間における変化を，(イ) GNE 指標の構成比，および，(ロ) GNE 指標の成長率への寄与率という形で把握していくことにしよう．ところで，最初に述べたように GNE 指標を構成する各要素の絶対値には信頼度のうえで一様ではないから，構成比自体も若干のバイアスをもつことが予想される．このような留保が必要であることを再び強調したうえで参考までに GNE 指標に対する各要素の寄与率を示してみると第 5・6 表が得られる．まず各要素別の構成比を計算した後，各要素の成長率を組み合わせると GNE 指標の成長率に対する寄与率を計算することが出来る．というのは，各要素の成長率を構成比で加重平均すると近似的に GNE 指標の成長率が得られるからである．

　ところで，第 5・6 表に示された結果をみると，基本的には第 5・5 表について述べた事実をより明確に読みとることが出来る．ただ，次の点は少なくとも指

第5·6表 GNE 指標期間別要素別実質成長率と

		年 成 長 率(%)					
		個人消費	政府消費	資本形成	輸 移 出	輸 移 入	計
台湾	1905-10	2.83	22.56	23.60	10.71	10.47	5.22
	1910-15	1.57	2.46	-7.31	7.17	2.94	2.14
	1915-20	7.39	1.70	21.97	12.44	4.35	7.27
	1920-25	1.26	6.29	-2.55	2.48	4.52	2.83
	1925-30	3.77	5.05	9.60	10.30	7.33	4.03
	1930-35	0.43	5.05	11.18	5.06	6.80	1.81
	1932-37	-0.98	7.35	9.32	5.15	6.79	0.72
朝鮮	1912-17	0.67	0.13	2.81	26.32	-5.14	2.63
	1915-20	9.33	6.71	6.52	35.27	8.83	11.37
	1920-25	1.08	7.41	1.30	3.22	10.69	0.66
	1925-30	1.61	6.18	14.74	3.15	11.91	0.82
	1930-35	1.71	5.68	15.04	6.19	3.86	3.21
	1932-37	2.88	5.98	13.10	15.01	11.39	4.34

〔注〕対象期間の表示では次のような略号が用いられている。例えば、1905-10は，

摘しておく必要があろう．まず台湾においては，1910-15年，1920-25年の2回にわたる経済のおちこみがある．この2者とも輸移出の減少によるところが多いがその原因には相違がある．すなわち，1920-25年の成長率の低下は，貿易相手である日本経済の停滞に負うところが大であるが，1910-15年のそれは朝鮮の貿易ののびに起因している．他の期間においては，輸移出は比較的スムーズに増加しており，それにともなって経済の成長がみられる．特に1925-35年間における日本経済の停滞がそれほどには台湾経済に影響を与えていないことは注目されてよい．

朝鮮の輸移出は1912-20年に急増し，それにともなってGNE指標も増大している[12]．しかし，1920年以降1935年までは成長の原動力とはなっていない．これにかわるものとして1925年以降の資本形成の増加が注目される．ただ，1930年以降の個人消費ののびなやみが，この効果を低めていることに注目する必要があろう．

GNE 平均成長率への寄与率

	寄 与 率(%)			
個人消費	政府消費	資本形成	輸移出	輸移入
94.04	2.78	3.52	13.94	-14.24
85.03	5.12	6.07	21.37	-17.38
83.18	4.92	4.68	24.67	-17.43
82.31	4.11	7.41	22.06	-15.88
76.99	4.72	6.27	29.45	-17.44
75.31	5.07	8.46	31.92	-20.76
76.24	5.14	8.84	30.48	-20.69
97.35	4.04	4.17	4.16	-9.72
95.48	4.23	3.19	6.67	-9.51
88.26	3.77	2.66	14.76	-9.45
90.04	5.15	3.10	16.69	-15.33
92.30	6.51	5.83	18.90	-23.53
89.88	6.82	5.62	18.32	-20.59

1904-06年平均値と1909-11年平均値を用いて計算された値である.

§5.3 結論にかえて

　本書の主目的が，将来のよりすすんだ研究のためのデータ整備にあったことから，各章で展開されてきた「若干の分析」も部分的かつ暫定的なものが大半をしめてきた．このような帰結を相互に関連付けて戦前から戦後にかけての台湾・朝鮮の経済の発展の状況を図式化していくにはより多くの補完的作業と理論分析にもとづくモデルの作成が必要となろう．この意味で，本書の作品はあくまで半成品である．しかし，半成品とはいえ，ある程度の体系化を予想して作業がおこなわれてきたことも事実であるので，ここで推論を加味しながら各章の帰結を関連付けてみよう．

　第5章の結果によれば，台湾および朝鮮のGNE指標は戦前の国際水準からみてかなり高い成長率を維持してきた．そして，台湾においてこの成長率を高めたのは輸移出の急増によることも明らかにされた．この背景として，米・砂糖の生産技術の改良があることはよく知られており，これに関する研究は非常に多くを数えている．ただ，主要生産物輸出を原動力とする経済成長は需要側

の条件の変化による阻害を受けやすいという性格がある．事実，1900年代初期まで日本市場に進出していた台湾米移出は，朝鮮米に対する関税撤廃によってかなりの打撃を受けることになる．戦前の台湾経済の「強み」は米という輸移出用作物のほかに砂糖という商品作物を有していたということである．しかも，日本市場は関税によって台湾糖を保護していたこともあって，1920年代の輸移出の成長が維持されることになる．この間，米作技術の改良の結果，台湾米は朝鮮米に対して優位に立つようになる(以上第2章参照)．

　台湾における米と砂糖の増産は，2つの面で他のGNE要素の成長と関連をもっている．その1は個人消費との関係である．日本領有下の台湾においては精糖工業を除けば工業の発展はそれほど顕著ではないから，個人消費の水準は台湾農業の発展に依存している．そして，実質個人消費水準の増加がみられるのは，台湾米と朝鮮米の競合関係が発生する以前と，台湾米の生産技術の改良が成果を生んだ時期以降である．後者の時期における農民の実質収入の増加は，単に米の増収によるだけでなく「米糖相剋」の事態を通じての糖価の上昇にもよっていたことは明記されるべきであろう(第1章，第2章参照)．

　台湾農業発展を支えたものに建設投資——特に政府による建設投資——の大きさがある．台湾における資本形成のGNEにしめる比重はそれほど大ではないが，建設投資のみをみるとかなり大であることがわかる．これに，政府消費の中に含まれている農業改良関係費用を含めれば，かなりの金額が重点的に農業へ支出されたことになる(第3章，第4章参照)．

　戦前期の台湾経済の発展が米，砂糖の輸移出を軸としてかなり効率的に発展したのに対して，朝鮮経済はかなりの曲折をへた経済発展を示してきた．1910年代から1920年代初期における朝鮮経済は，台湾の場合と同様に，主要生産物(朝鮮米)の輸移出を原動力とする経済発展のパターンを示していた．しかし，1920年代後半から台湾米の生産性の増大にともなう米価の相対的下落の結果，その成長速度は鈍化することになる(第2章)．この効果は，個人消費の主体をなす農民の生活水準の変化にもあらわれ，1920年代中期以降その水準はほぼ一定であるという状況を発生せしめている(第1章参照)．

第5章 総合分析への布石

 しかし,朝鮮経済には鉱工業の発展といういま1つの側面があったことを忘れてはいけない.1920年代後半以降の朝鮮鉱工業の成長率はおどろくべき高さを示しており,それを支えた設備投資ののびも1930年代においていちじるしく高い(第3章参照).また,台湾の資本形成が政府主導型でおこなわれたのに対して,朝鮮のそれが政府・民間の両者の手ですすめられた点も注目される(第3章,第4章参照).

 総括していえば,台湾と朝鮮の経済発展のパターンはかなりことなっており,日本経済のかかわりあい方にも相違がみられる.ただ,このような動きをみていく場合,日本対台湾,日本対朝鮮という形のみでみていくことはかならずしも充分ではない.本節で例示したように,台湾と朝鮮の両経済は,日本経済の動きを媒介として相互に密接な関連をもっていたと考えられる.このような分析をおこなうには,日本経済に関するデータをも含めた相互チェックが必要となろう.

 ここで,本書でおこなおうとして残されたいくつかの技術的作業についてふれておく.第1のそれは,コモディティ・フロー法による個人消費支出の推計である.この推計がおこなわれ,第1章の結果と相互チェックがすすめられればGNE指標の信頼度はかなり向上するであろう.第2のトピックスは,生産統計との整合性の検討である.すでに述べたように台湾・朝鮮の農業・鉱工業生産額についての推定結果が発表されている.台湾・朝鮮の経済を分析していくには生産ベースの統計と支出ベースの統計の総合利用が必要となるが,われわれの推計と生産ベースのそれがどの程度の整合性をもっているかを統計的にチェックすることは重要な課題であろう.第3に,朝鮮経済と密接な関連のある中国大陸,特に中国東北部の経済状況をある程度把握しておく必要がある.このような試みの一部は本書の付録に示されているけれども,その範囲は極めて限定されている.しかし,これまでの経験によれば,この分野に関する統計はある程度まで散見されている.今後の作業に期待したい.

 最後に,本書のような分析をおこなうにあたって提起されるであろうようないくつかの「基本的問題」に対して,筆者の考え方を述べておこう.第1のそ

れは，統計の信頼性をめぐる問題である．ここで使用された統計は総督府等の官庁統計である．これに対して，総督府の「報告書」には数多くの欺瞞が含まれており，信頼出来ないという批判が予想される．確かに，多くの人々によって指摘されるように，各種「報告書」類には使用をはばかられるものも少なくない．しかし，統計を組織的にゆがめて作成することは，予想以上に困難なことである．まして，当時の政策当局にとっては，統計は今日ほど重要ではなかったし，統計を利用した政策批判もほとんどおこなわれなかった．このような状況下で，統計が意識的にゆがめられた可能性は極めて少ない．もちろん，これらの統計が歴史統計共通の問題点をもっていることは当然である．

　第2に，マクロとミクロの問題がある．本書でとりあつかってきた数字は，台湾または朝鮮全体に関する総量的なレベルのものである．植民地経済の問題が最も明確な形であらわれるのは，平均的なレベルではなくその分布状況にあることは確かであろう．例えば，農民の平均消費水準がどれだけかという計算よりも，特定水準以下の生活をいとなむ農民がどの程度存在するかを検討するほうがより重要であるとの主張も根拠を有している．本書はこのような立場を充分認めたうえで，なおマクロ分析の必要性を認識したうえで記されている．個々の経済主体の行動が経済全体の動きと無関係でない以上，ミクロの状況を正確に把握するには，マクロの状況を念頭においておく必要がある．ミクロとマクロの関係は，「いずれがより重要か」ということにあるのではなく，「2者をどのようにして結合して分析するか」という点にある．

　第3に，「朝鮮史」あるいは「台湾史」との関係についてふれておく必要がある．本書の作業を開始した時点では，経済発展論の一例——しかもデータが豊富であるという極めて有利な側面をもつ実証例——という意識が先行していた．そしてこの意図はある程度まで成功したといえよう．しかし，検討をすすめる途中で，朝鮮または台湾の歴史研究を参照する必要が生じ，その研究レベルの高さに敬意をはらうことが少なくなかった．しかし，その中で使用されている統計については，かなりその利用法や説明法に問題があるものもかなり見出された．近年「数量経済史」という分野が開発されてきている．しかし，本書を

第5章 総合分析への布石

もって台湾・朝鮮の数量経済史的研究であるという意図はまったくない．このように主張するためには，史実に関するより長時間の研究の裏付けが要求されよう．強いていうならば，本書の目的は，数量経済史的研究の可能性を統計データの面について検討したものであるといってよい．そして，本書の結果が，部分的な形で，将来の歴史研究にとり入れられることがあるとすれば，著者にとってこのうえなく幸いである．

1) 台湾総督府官房企画部『自昭和12年11月至昭和13年10月 家計調査報告』同部，1940.
2) 台湾総督府殖産局『農家経済調査 其ノ一（米作農家）』同局，1934，同局『農家経済調査 其ノ二（茶作農家）』同局，1934，同局『甘蔗収支経済調査』同局，1938.
3) 『台湾総督府統計書』には，1931年以前の全戸数に関する調査が存在しないので，人口数で1932年の数字を延長した．朝鮮については対象期間について戸数調査が存在するのでそのまま利用した．
4) 朝鮮総督府『農家経済の概況と其の変遷』同府，1935．この調査から，自小作および小作農家の収入が求められるので，自作農家の消費水準も自小作のそれと等しいという仮定の下に計算をおこなった．このため，消費水準がやや低めに算定されている可能性がある．
5) 朝鮮農会『昭和5年度農家経済調査（全羅南道の部）』同農会，1932.
6) 大川一司『国民所得』東洋経済新報社，1974.
7) 篠原三代平・石川滋編『台湾の経済成長』アジア経済研究所，1971，第1-2章.
8) 一橋大学経済研究所統計係『朝鮮農業生産額の推計1910～1970（戦前の部）』，1973．この未発表推計結果の利用を許可して下さった石川氏に感謝の意を表する．
9) 江見康一・塩野谷祐一編『日本経済論』有斐閣，1973，第10章参照．
10) 1960年以降の台湾・韓国経済における輸出の役割は，戦前日本のそれに類似している．この意味で，注9)の山沢論文は参照に値しよう．
11) 注9)の文献のp.229参照．
12) 朝鮮の貿易の寄与率を考える場合，第2章でふれられた「通過貿易」に関する調整が必要である．しかしこの調整は，今後予定している通過貿易をめぐる本格的作業の完成まで保留したい．

付　　録

　本書の目的は，マクロ的な統計作業を通して戦前期台湾および朝鮮の経済活動を多少でも明らかにすることを目的としてきた．その過程で痛感したことは，これら地域と日本を含む相互依存関係の複雑さである．その一部については，すでに第2章でふれておいた．しかし，今後作業をすすめていくうえで，戦前期朝鮮と中国東北部(以下「旧満洲」と呼ぶ)の関係を無視していくことは出来ない．例えば，朝鮮よりの旧満洲への人口流出は旧満洲の生活水準を無視して作業をすすめることは出来ない．また，第2章でふれた農産物価格の問題にしても旧満洲・朝鮮間の雑穀輸入を無視しては議論はすすまない．旧満洲の統計は，台湾・朝鮮よりも不備であり，分析作業は非常に困難であろう．また，その分析には多くの歳月を必要としよう．この付録に付された2種の作業は，より本格的な作業の準備としておこなったものであるが，それを利用するにはなお多くの追加作業が必要なものである．しかし，その作業自体は一応完結しているので，ここに結論だけを示しておく．

§A.1　大連・長春の消費者物価指数[1]

　本節の目的は，旧満洲における実質賃金等の計算に利用するための消費者物価指数を作成することにある．これら地域の名目賃金については尾高煌之助氏の作業がおこなわれており[2]，その数字の加工もそれほど困難とは思われないので，本節の結果と結びつけることによってかなりの分析が可能となろう．
　関東州(遼東半島)および旧南満洲における物価統計は比較的豊富である．というのは，日露戦争後日本が領有権を得た関東州および満鉄付属地についての物価統計は，日本の諸機関によって各種の組織的な統計として発表されているからである．この付録では，大連・長春(旧新京)の2都市について消費者物価指数の作成を試みることにしたい．これらの都市の中では大連についての情報が最も多いが，長春指数と決定的な差があるわけではない[3]．

第A·1表は，この節で使用した統計データの一覧表である．大連についてみると，同表略号(B), (C), (D)を使用することによってかなりの数の小売物価系列を集めることが出来る．しかしこの期間についてもサービス料金はほとんど得ることが出来ないので，第1章と同様に各種賃金データを代理指標として使用することにした．第A·2表には，1930-40年の大連消費者物価指数で採用された価格系列名が示されている．1924-29年は30年代についで小売物価の系列が得られる年次である．しかし一部の費目について，卸売物価を使用せざるを得ないという意味で1930年代の指数よりもおとっている．更に，1929年と30年の間に大幅な銘柄変更がおこなわれているため，直接1930年代の指数と接続出来ないというなやみもある．このため，本論では1924-29年指数を30年代の指数と独立に作成した後，1929年基準30年指数を主として卸売物価を利用して計算し，3指数をリンクすることにした．

1924年以前については，全面的に卸売物価データに依存せざるを得ない．このことは，この期間における商業マージン率がほぼ一定であったと仮定するに

第A·1表 旧満洲物価統計の所在

略号	種類	期間	資料[1]
(A)	卸売	1907-42[2]	(1)
(B)	小売	1930-35	(1)
(C)	小売	1930-42	(2)
(D)	小売	1924-36	(3)

〔注〕1. 資料番号は次の通り．(1)関東庁長官官房文書課『関東庁統計書』．(2)同『物価賃金調査年報』．(3)南満洲鉄道株式会社『満洲経済統計月報』．
2. 長春については1906-36年のみ．

第A·2表 旧満洲消費者物価指数で採用された価格系列名の例
（大連消費者物価指数：1930-40年）

食料費	米，麦粉，玉葱，馬鈴薯，果物(5種)，牛肉，豚肉，鶏肉，鶏卵，塩鮭，鰹節，砂糖，味噌，醤油，塩，沢庵，ビール，酒，サイダー
被服費	木綿，ネル，モスリン，綿，毛糸，裁縫師賃金
住居費	建築材料(10種)，建設労務者賃金(5種)
光熱費	電気，ガス，石油，石炭，木炭
雑費	授業料，洋紙，理容師賃金，石鹸，鉄道賃金，煙草

ひとしく，種々の問題を残している．しかし，この問題を一応無視すれば，1918-24年間については比較的多くの価格系列を得ることが出来るが，1917年以前についての系列数はいちじるしく減少する．第A・3表には，大連指数についての期間別系列数が示されているが，長春指数についても同様の傾向がみられる．後出の結果表において，1907-17年の期間については総合指数のみが示され，類別指数は省略されているのは，この期間の指数が暫定的なものであることに由来している．

第A・3表 旧満洲消費者物価指数で採用された価格系列数（大連指数）

	1907〜1918	1918〜1924	1924〜1929	1929〜1930	1930〜1940
食料費	16	40	41	21	42
被服費	3	9	9	4	9
住居費	4	7	11	7	16
光熱費	2	5	7	6	6
雑費	4	12	10	10	14

〔注〕系列数は1銘柄を1系列と定義しているので，第A・2表の品目数よりは大となる．

消費者物価指数のウェイトとしては，家計調査等の支出構成を利用するのが普通である．また，本論のような長期にわたる指数については，全期間を数個に分割し，分割された時期に対応するウェイトが考慮されることが望ましい．しかし，このような作業をすすめるためのデータが見出せなかったので，一時点に関する家計調査から算出されたウェイトを利用して全期間の指数を総合することにした．ウェイトは，(1)中国人農民の生活パターンを前提とするもの，(2)中国人都市労働者の支出構成を代表するもの，(3)現地在住日本人農民のそれによるものの3種を作成することにした．算出に利用されるデータは(1)，(2)，(3)に対応して，各々

(イ) 南満洲鉄道産業部『満人農家経済調査 昭和十年度 関東州の部』，1938

(ロ) 陶孟和『北平生活費之分析』社会調査所，1930[4)]

(ハ) 関東州庁経済部『農家経済報告 昭和9年-11年』，1940

が利用された．ただ，これらの資料のみからは，品目レベルまで支出を分割することが困難であったので，(イ)-(ハ)に対する補助資料として，各々

(ニ) I. I. ヤシノフ『北満洲における支那農民経済』(1929年発刊)(満鉄庶務部訳), 1929

(ホ) 上海市政府社会局『上海市工人生活程度』, 1934

(ヘ) 農林省統計調査部『農家生計費報告 昭和26年度』, 1952

が利用された．指数の作成にあたっては，現在わが国で採用されている分類にあわせて作業がおこなわれた．第A・4表には，5大費目別のウェイトが示されている．

第A・4表　3指数のウェイト
（大連・長春指数）

	中国人農民	中国人都市労働者	日本人農民
食料費	73.2	71.2	35.1
被服費	9.0	6.8	11.4
住居費	2.6	7.5	12.5
光熱費	10.6	11.3	14.0
雑　費	4.6	3.2	27.0

第A・5表には，大連，第A・6表には長春に関する消費者物価指数の推定結果が示されている．紙数を節約する目的で，費目別指数は，大連のウェイト1に対応するもののみを示すことにし，他のウェイトおよび長春についての結果は総合指数についてのみ示すことにした．ところで，2指数を比較すると概して長春指数のほうに不規則な動きがみられる．これは主として，農産物価格の動きが長春においてはげしいことによるが，採用品目数の点で大連指数よりおとっていることも同時に考慮される必要があろう（後者の理由は，特に1917年以前の指数に妥当する）．

§A.2　旧満洲農産物物価指数

この節のねらいは，旧満洲の農業の状況を示す尺度として旧満洲の農産物物

第A・5表　大連消費者物価指数(総合指数：1934-36年平均＝100)

	食料費	被服費	住居費	光熱費	雑費	総合		
						ウェイト1	ウェイト2	ウェイト3
1907	—	—	—	—	—	42.38	45.52	33.39
08	—	—	—	—	—	40.86	43.93	32.46
09	—	—	—	—	—	35.18	39.61	30.09
10	—	—	—	—	—	38.49	42.02	32.53
11	—	—	—	—	—	39.80	42.88	32.46
12	—	—	—	—	—	40.27	44.29	32.60
13	—	—	—	—	—	39.08	43.38	32.63
14	—	—	—	—	—	34.75	38.92	31.36
15	—	—	—	—	—	36.37	40.69	32.13
16	—	—	—	—	—	42.17	46.98	36.81
17	—	—	—	—	—	53.11	57.90	43.45
18	107.40	139.82	85.60	61.25	38.53	88.67	96.51	62.79
19	156.84	187.59	115.52	100.76	42.65	128.57	140.91	83.86
20	146.64	141.57	129.67	80.08	55.47	118.36	117.67	87.12
21	128.65	161.19	84.97	112.91	51.57	109.52	109.51	78.42
22	126.46	120.95	94.85	79.79	50.73	103.52	104.53	76.40
23	128.40	134.33	94.20	65.61	57.28	103.95	106.89	78.95
24	141.06	137.42	91.85	85.33	48.64	113.81	116.29	78.46
25	129.79	136.17	96.43	87.29	43.72	106.96	109.19	73.82
26	107.90	113.78	90.09	84.16	45.20	91.92	104.16	71.50
27	109.88	112.29	82.60	86.97	45.34	93.15	98.45	69.79
28	110.66	106.92	81.01	86.83	47.14	93.33	95.96	68.87
29	115.13	108.11	68.10	76.36	46.31	94.05	93.74	66.42
30	60.98	74.51	55.82	95.62	90.31	65.43	67.55	76.56
31	64.60	69.21	53.50	72.58	82.13	65.81	65.76	72.80
32	93.87	93.89	73.12	105.49	98.07	94.23	90.00	90.63
33	88.28	92.85	97.84	104.58	96.93	90.42	89.13	93.50
34	82.25	99.06	103.83	98.28	98.38	85.96	92.51	95.78
35	92.88	95.97	94.78	95.15	99.87	93.59	98.94	99.64
36	124.86	104.97	101.39	106.57	101.75	120.45	108.55	104.57
37	138.44	118.63	126.96	110.00	110.64	133.50	116.83	115.00
38	153.38	192.74	196.41	115.77	124.33	154.06	138.56	142.25
39	195.78	227.93	346.42	210.20	134.93	201.89	197.48	196.97
40	225.60	235.31	362.12	279.44	202.20	233.67	236.06	233.03
41	236.37	255.00	361.00	311.32	201.61	245.95	243.82	239.37

価指数を作成しようとすることにある．従来からのわが国経済の分析にあたっ
て，朝鮮米，台湾米の移入と日本経済の関連が論じられた．更に，朝鮮米の対
日移出との関連で，旧満洲よりの雑穀輸入もまた注目されてきた．そして，台

第 A·6 表　長春消費者物価指数（総合指数：1934-36 年平均＝100）

	ウェイト				ウェイト		
	1	2	3		1	2	3
1907	39.15	46.35	49.24	1925	98.89	99.75	108.39
08	36.37	42.14	47.36	26	87.45	88.85	98.95
09	34.77	40.61	46.09	27	77.34	81.05	93.45
10	36.96	41.30	47.02	28	81.59	80.43	91.80
11	39.54	44.82	48.16	29	72.55	71.69	74.91
12	43.03	48.16	49.29	30	61.93	59.36	77.91
13	40.40	44.82	47.76	31	54.75	53.26	69.02
14	38.52	42.27	46.88	32	85.02	84.83	89.91
15	36.41	40.28	45.94	33	87.88	87.64	93.05
16	42.48	45.38	52.49	34	104.40	105.04	101.75
17	56.07	62.30	64.41	35	96.24	96.03	97.01
18	80.42	92.62	86.91	36	99.47	98.93	101.23
19	111.77	132.75	109.90	37	106.44	105.69	112.70
20	87.77	98.46	105.53	38	133.62	131.25	140.64
21	86.14	95.84	106.09	39	190.65	186.28	179.63
22	83.03	89.04	123.40	40	229.90	224.40	205.36
23	75.97	84.14	108.29	41	240.03	231.33	212.85
24	90.83	101.03	110.44				

湾・朝鮮に関する限り石川滋氏による作業が進行しつつあり，その成果の総合分析が期待されている[5]．

しかし，一度旧満洲の分析に足をふみ入れると，少なくとも台湾・朝鮮と同列の分析をおこなうことが不可能であることがわかる．すなわち，旧満洲の農業生産量については旧満洲国成立後若干の推計が年次系列として発表されているけれども，その信頼度はかなり低いものと考えられる．一方，関東州および満鉄付属地内での農業生産額のデータはあるが，これを利用して全満洲の農業生産を論じるのはあまりにも無謀であろう．

このようにみてくると，旧満洲の農業を分析する手がかりは農産物価格であるということになる．というのは，特定地方の価格変動もかなり広い農産物の需給状況を代表することが考えられるからである．そして，このような目的のためのデータはある程度見出すことが出来る．

使用されたデータは，

(1) 関東庁『関東庁統計書』
(2) 関東庁『物価賃金調査年報』
(3) 南満洲鉄道株式会社『満洲経済統計月報』

である.これらのデータが提供してくれる第1のデータは,関東州および満鉄付属地に関する作物別農業生産量および生産金額である.この種のデータからは,生産金額を生産数量で割ることによって平均単価指数が得られる.この情報は,関東州については1924-42年,満鉄付属地については1924-35年について得られる.そこで,本論ではこれらの単価指数を1925-27年平均生産数量で加重平均した物価指数を作成することにした.この指数は,総平均指数および3大分類指数よりなっているが,採用された品目名は第A・7表に示されている.

第A・7表 旧満洲農産物物価指数のための採用価格系列名

穀類	包米,高粱,粟,糜子,稗子,大麦,小麦,蕎麦,黄豆,緑豆,黒豆,小豆,落花生,水稲,陸稲
蔬菜類	蘿蔔,葱,茄子,牛蒡,白菜,韮菜(蒜菜),胡瓜,甜瓜,西瓜,南瓜,甘藷,馬鈴薯
果実類	葡萄,桃,苹果(梨),(桜桃)

〔注〕( )付は関東州のみ,無印は関東州および満鉄付属地の指数に利用されたもの.

このようにして計算をすすめると,関東州については1924-42年,満鉄付属地については1924-35年についての数字が得られる.この指数を関東州については1934-36年平均,満鉄付属地については1935年値で割ることによって物価指数を作成してみると第A・8表が得られる.われわれの目的からは,より長期の物価指数が求められることが望ましい.しかし,1923年以前の農産物生産統計は物量表示が得られるにすぎず,それから実効単価を計算することは出来ない.そこで,これにかわるデータの発見が望まれるわけであるが,わずかに関東州の穀類について数字が見出されるにすぎない.すなわち,1920-24年については,「官営物産取引所」についての統計があり,1908-20年には「大連重要物産取引所」の相場に関する統計がある.この物価統計を生産数量で加重平

第 A·8 表 旧満洲農産物物価指数
(関東州 1934-36 年平均＝100, 付属地 1935 年＝100)

	関東州				満鉄付属地総平均
	総平均	類別指数			
		穀類	蔬菜類	果実類	
1908		33.4			
09		33.7			
10		49.0			
11		48.6			
12		46.2			
13		48.7			
14		54.0			
15		44.0			
16		43.5			
17		58.7			
18		52.4			
19		64.5			
20		71.1			
21		67.9			
22		85.4			
23		92.5			
24	99.5	98.1	101.0	194.0	136.6
25	114.8	115.5	93.1	185.1	158.7
26	111.5	111.7	95.8	183.1	153.0
27	120.1	120.4	110.7	145.6	140.7
28	122.4	121.7	127.1	153.4	110.7
29	105.1	103.6	120.8	135.3	101.1
30	52.8	51.3	65.3	93.6	64.5
31	51.6	50.6	60.4	80.4	58.6
32	71.7	71.0	82.2	167.9	82.5
33	68.3	65.2	99.8	122.7	97.3
34	84.5	88.6	97.7	79.4	107.0
35	99.7	99.3	103.2	111.5	100.0
36	111.1	112.1	99.1	109.0	
37	107.1	107.2	109.4	85.2	
38	121.6	120.4	129.8	164.7	
39	196.3	194.2	228.2	183.4	
40	181.4	177.5	227.3	241.7	
41	184.0	165.8	372.0	299.7	
42	191.4	159.6	588.0	391.1	

第 A・1 図　農産物物価変動の比較

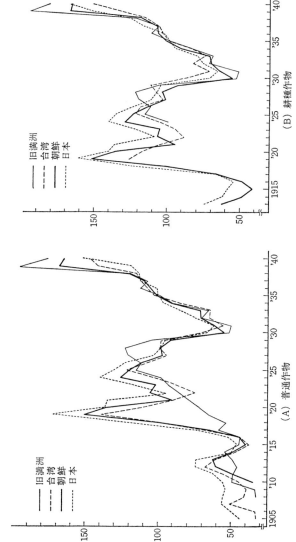

(A) 普通作物　　(B) 耕種作物

〔注〕 1. 本図の原資料は次の通り。日本：大川一司・高松信清・山田三郎・塩野谷祐一・南亮進・野田孜・高松信清『物価』東洋経済新報社，1967．台湾：一橋大学経済研究所統計係『台湾農業の生産額の推計』1970，朝鮮：同左『朝鮮農業生産額の推計』1973（いずれも謄写刷）．台湾・朝鮮の数字は石川滋氏の未発表のワーク・シートをまとめたものであり，その利用を許可された石川氏に感謝の意を表する．
2. 日本の「普通作物」は米の価格指数，他は米・麦・雑穀の物価指数．

均し前記指数にリンクした結果が第 A・8 表に併記されている.

　この数字の吟味は，より総合的な視点から分析されなければならない．ただ，ここでは将来の研究のための資料として，日本，台湾，朝鮮，旧満洲の農産物の価格変動を比較しておこう．このような試みは，石川滋氏によって日本・台湾間の米価についておこなわれており[6]，日本領有初期においてことなった動きを示していた2つの物価が1920年代に入って類似してくることを論じている．ところで，第 A・1 図(A)の普通作物(穀類・豆類)をみると，台湾・朝鮮の物価変動は1910年代より極めて類似しているのに対して，旧満洲のそれは1920年後半までかなり独自な動きを示していることが注目される．このような現象は，おそらくは朝鮮の雑穀輸入にかなりの影響を与えたものと考えられる．一方，1930年代の穀物価格の変動が，日本市場のものと類似していることは注目されてよい．同図(B)は全耕種作物に対する物価指数の比較を参考までに示したものであるが，作物構成が相違する以上，変動型に相違があるのは当然であり，それ自体の吟味はここではおこなわない.

1) この付録の一部は「戦前大連における消費者物価」の表題の下で『経済研究』第24巻第2号，1973に発表されている．この研究を開始した動機は Ramon H. Myers 教授の示唆に負うところが多い.
2) 尾高煌之助「日本統治下における朝鮮の雇用と賃金——付：関東州の雇用と賃金——」(一橋大学経済研究所統計係「統計加工シリーズ」No.7(謄写刷), 1971). また関東州に関する興味ある研究としては, Ramon H. Myers and Thomas R. Ulie, "Foreign Influence and Agricultural Development : A Case Study of Liaotung Peninsula, 1906-1942," *The Journal of Asian Study*, Vol. XXXI, No. 2, 1972 がある.
3) 詳細は近い将来大連・長春以外の都市の分をも含めて「統計加工シリーズ」として発表を予定している.
4) 旧満洲の都市居住者については，満鉄従業員に関するものがある．しかし，この人々の生活水準は，平均的なレベルより高かったと考えられるので，この統計は利用していない．南満洲鉄道株式会社『満鉄中国人生計費調査』, 1926 参照.
5) 台湾については，篠原三代平・石川滋編『台湾の経済成長』アジア経済研究所, 1971, 第1章，および，一橋大学経済研究所統計係『朝鮮農業生産額の推計 1910～1970』(謄写刷), 1973 参照.
6) 注5)の第1論文参照.

人名・機関名索引

アルファベット順. 韓国名・中国名は便宜上日本式の読み方で配列してある.

アジア経済研究所　14
Barclay, G. W.　121
Blacker, C. P.　29
張漢裕　1, 23, 29, 31, 32, 75, 77
朝鮮貿易協会　76
朝鮮銀行調査部　2, 17
朝鮮農会　24, 30, 163
朝鮮総督府　1, 19, 29, 30, 36, 83, 116, 121, 163
中華民国政府行政院主計処　76, 136, 141
　――海関総税司署　44
　――台湾省政府　5
　――台湾省政府農林庁　24, 31
　――台湾省政府主計処　30, 31, 141
江見康一　79, 81, 109, 113, 120, 122, 130, 141, 163
浜田宗雄　122
一橋大学経済研究所統計係　76, 120, 141, 174
Ho, S. P.　1, 22, 29
Ho, Y. M.　29
井口泰輔　29
ILO　17, 26, 32, 141
石川滋　22, 32, 120, 153, 154, 163, 170, 173, 174
韓国貿易協会　77
韓国銀行調査部　30, 31
韓国経済企画院　18, 24, 30, 32, 76, 97, 106, 121
韓国政府財務部　46
韓昌浩　120
関東庁　166, 167, 171

川野重任　31, 75, 77
京城市商工会議所　3
経済企画庁　121, 141
金哲　29, 34, 75
小島清　77
京都大学経済研究所　76
南満洲鉄道株式会社　166, 167, 171, 174
溝口敏行　31, 122
Myers, R. H.　1, 29, 174
日本銀行統計局　76
野田孜　3, 10, 31
農林省統計調査部　168
尾高煌之助　17, 19, 26, 29, 31, 32, 75, 105, 121, 165
大川一司　1, 29, 75, 116, 151
大蔵省　36, 76
　――財務局管理課　71, 75, 77
李潤根　79, 82, 95, 112, 120, 130, 141
李昌烈　121
劉奉哲　2, 29
崔柳吉　33
崔善来　121
笹本武治　31, 77
車耕権　75
上海市政府社会局　168
篠原三代平　80, 82, 95, 101, 103, 106, 117, 145, 153, 163, 174
塩野谷祐一　121, 163
総理府統計局　30
台湾銀行　29
台湾総督府　1, 5, 24, 36, 37, 72, 121, 138
　――官房企画部　30, 163
　――民政部　30

――臨時戸口調査部　　121
　　　――殖産局　　30, 75, 77, 163
高橋亀吉　　75
鄭英一　　29
陶孟和　　167
通商産業省　　120
上田貞次郎　　29

Ulie, T. R.　　174
梅村又次　　29, 121
山辺健太郎　　77
山本有造　　35, 73, 75, 77, 79, 115, 120, 122, 144
山沢逸平　　75, 155, 163
ヤシノフ, I. I.　　168

事項・資料名索引

アルファベット順

阿片　84
アルコール　61
米国の援助　66
米糖相剋　160
貿易物価指数　42-50
貿易外の所得　144
貿易外収支　34, 71, 73
貿易実質額　59
貿易黒字　60
貿易収支　33, 71, 148
貿易数量指数　34
貿易統計　33
貿易統計年報〔韓国〕　46
物価倍率　81, 102
物価賃金調査年報〔関東州〕　166, 171
物価指数年報〔日本〕　76
物価総覧〔韓国〕　30, 31
物価統計〔旧満洲〕　165
物件費　132
茶　61
地代　145
地方政府　123, 132
地方財政　130
賃金指数　17, 107
賃金統計〔戦前台湾・朝鮮〕　17, 19
長期資本収支　72
調整率　103
朝鮮貿易年表　36, 60, 76
朝鮮北部　85
朝鮮国勢調査報告　121
朝鮮米　169
　──の価格　57
朝鮮民主主義人民共和国　29, 35, 76
朝鮮南部　83, 85

朝鮮の米　61, 70, 77
朝鮮史　162
朝鮮総督府　73, 127
朝鮮総督府統計年報　17, 19, 27, 32, 83, 88, 91, 95, 123, 124, 134
長春　165
中国進出口貿易統計年刊〔台湾〕　44
中華民国国民所得　141
中華民国政府　125
中華民国統計提要　76
代表標本方式　16
第1次富統計調査総合報告書〔韓国〕　18, 26, 106, 107, 120, 121, 136
大韓民国　35
第2次数量表示　46
大連　165
大連重要物産取引所　171
デフレーター　84, 102, 106, 126
電気・ガス　89
電気事業要覧〔戦前台湾〕　5
デノミネーション　10
道　137
営業余剰　81
衛生費　138
不規則変動　108
外国貿易概況　76
学校組合　130
現物給与　141
減価償却　80
GNE　143
GNE指標　143, 159
軍事費　125, 141
軍人の消費　77
グロスウェイト　4, 42

177

配分率　100
平均賃金　24, 32, 105
平均実労日　105
品目別物価統計　5
品目別ウェイト　132
肥料　65
日雇労務者　105
補助金　130
本島収支一覧　72
蓬莱米　58
IMF分類　45
IMF方式　73
インプリシット・デフレーター　77, 106, 149
移入代替　64
移出入　34
砂利　103
自家消費　85
実効購買力平価　16
実効単価　36, 47, 84
事務費　127
神社費　138
人件費　134
実質賃金　2, 20
　——GNE指標　143
　——政府消費　137
　——政府投資　137
　——消費水準　20, 28
循環変動　109, 119
住宅建設　81, 115
カバレッジ　98, 112
家具・什器　64
海外からの純所得　144
海外日本人の活動に関する調査　71, 77
家計　144
家計調査　16, 30
　——〔韓国〕　9, 30
　——〔台湾〕　8, 30, 163

官営物産取引所　171
勧業費　138
韓国統計年鑑　24, 27, 31, 76
漢方薬　61
管理課調査　71, 72
甘蔗　58, 77
甘蔗収支経済調査　163
関東庁統計書　166, 171
関東州　76, 165
経済発展理論　22
経済成長率　148
建設労務者の雇用統計　81
建設資材　65, 105, 106
建設投資　80, 103, 113, 116, 144, 155, 160
機密費　127
金銀移動　71, 73
金銀鉱山開発費　140
寄与率　157
項　123
交易条件　34, 55, 68
　——指数　47
工業製品　155
工業統計50年史　84, 120
個人業主所得　145
個人消費　144, 157, 160
公企業　125
鉱礦物　89
鉱工業の発展　161
　——生産　82
　——生産指数　97
国富調査〔日本〕　81
国勢調査　17, 105
　——〔台湾〕　121
米　56, 61, 155, 169
コモディティ・フロー法　80, 100, 141, 145
鉱産物　64, 89, 155
鉱産品　83

事項・資料名索引　　　　　　　　　　179

工産品　83
公定レートの切り下げ　71
固定資本の購入　139
小売物価　166
　——指数〔朝鮮〕　3
小売価格　5
小売マージン率　5
果物　61
旧日本貿易分類　45
マージン率　81
賄　25, 32
マクロとミクロ　162
満人農家経済調査　167
満洲〔旧〕　165
満洲経済統計月報　166, 171
満洲〔旧〕農産物物価指数　168
満鉄付属地　165, 170
まゆ　64
名目賃金指数　2, 17, 18
　——政府消費　148
　——資本形成　148
　——消費支出　148
南満洲〔旧〕　165
民生費　137
みせかけの生産額の増大　82
密貿易　37
目　123
木材　61
無業世帯　145
無制限的労働供給　59
南北地域間の物資移動　45
南洋群島　76
National Income Statistics Yearbook　141
年雇　32
日銀方式　36
日本中央政府　123
日本外国貿易年表　37
日本産業旧分類　83

任意確率抽出　16
人参製品　84
農業の実質賃金　59
農業労働者の賃金　19, 21
農家経済調査　16, 17, 23, 144
　——〔朝鮮〕　10, 24, 30, 163
　——〔韓国〕　32
　——〔台湾〕　9, 24, 30, 163
　——〔関東州〕　167
農家経済概況調査　31
農家経済の概況と其の変遷　163
農家生計費報告　168
農民の労働報酬　58
農産物物価指数　22, 168
農産物価格　170
大蔵方式　36
卸売物価　1, 166
卸売価格　5
卸売マージン　102
パーシェ式　46, 51, 68
北平生活費之分析　167
PL 480　24
ラスパイレス式　4, 36, 46, 51, 68, 132
Report on Mining and Manufacturing Census　97
理蕃費　138
臨時台湾戸口調査　121
労賃部分　145
料金　5
サービス料金　3, 166
災害復旧事業　139
酒類　84
産業別生産指数　99
砂糖　56, 57, 155, 160
政府企業　127
　——消費　126, 132, 156
　——消費デフレーター　132, 136, 144
　——消費の戦前・戦後比較　136

――職員の人件費　125
――建物　130
――投資　130, 132
生活状態調査　29
生活水準　1, 28
精錬　89
生産ベースの統計　161
生産額デフレーター　82
精糖工業　160
製造業賃金指数　26, 27
専売品　83, 84, 95
繊維品　64
繊維工業　66
染料　61
戦前基準実質投資金額指数　119
設備投資　80, 101, 113, 116, 144
――財　65
上海市工人生活程度　168
資本不足　115
資本形成　113, 116
資本収支　73
市場価格表示　108
塩　84
施設の建設　139
支出に関する分類基準　127
消費者物価指数　3, 165
――〔戦後台湾〕　3, 5
――〔韓国〕　3, 7
――のウェイト　10
消費支出構成　1
昭和40年基準・改訂国民所得統計　121, 141
主要生産物理論　155
送金　72
総督府　123
水産物　61
数量経済史　162
趨勢加速　117
台北県下農家経済調査報告　30

台北市機関辦公用品価格指数　136
――公務員生計指数　3, 18
――小売物価指数　3
――統計書　124
台北州統計書　124
対日債権　77
台湾貿易年表　36, 76
――貿易四十年表　37, 44, 76
――物価統計月報　30, 141
――外国貿易年表　36
――事情　138
――工業生産　106
――米　57, 169
――農業基本調査報告　31
――農家記帳報告　24, 31
――の農業労働に関する調査　30
――史　162
――商工統計　75, 77, 91, 95
――省政府　125
――省都市消費者家計調査報告　31
――総督府統計書　5, 17, 30, 123, 124, 145, 163
鉄道建設　139
統計の信頼性　162
投資主体　79
通過貿易　34, 45, 64, 163
ウェイト　107, 167
Year Book of Labour Statistics　141
予算　123
有業人員の変化　147
輸移出　155
輸入代替　66
輸出入　34
輸送コスト　102
在庫変動　117
在庫投資　80, 144
在来品種の改良　58
財政統計　123
雑穀　65, 169

■岩波オンデマンドブックス■

一橋大学経済研究叢書 27
台湾・朝鮮の経済成長──物価統計を中心として

1975年 3月29日　第 1 刷発行
2016年12月13日　オンデマンド版発行

著　者　溝口敏行(みぞぐちとしゆき)

発行者　岡 本　厚

発行所　株式会社 岩波書店
　　　　〒 101-8002 東京都千代田区一ツ橋 2-5-5
　　　　電話案内　03-5210-4000
　　　　http://www.iwanami.co.jp/

印刷／製本・法令印刷

© Toshiyuki Mizoguchi 2016
ISBN 978-4-00-730543-6　　Printed in Japan